特別支援教育と国語教育をつなぐ

ことばの授業づくりハンドブック

小・中・高を見とおして

浜本 純逸（元早稲田大学特任教授・神戸大学名誉教授）【監修】
難波 博孝・原田 大介【編】

溪水社

はじめに　特別支援とことばの授業

元早稲田大学特任教授
神戸大学名誉教授　浜本　純逸

　1970年代には教育のノーマライゼーションが提唱され、学校では1980年代には統合教育がおこなわれるようになった。しかし、そこではゆっくり進む学習者は「お客さん」として遇され「子守はするが、教育はなされない」実態が見られた。その後、特別支援学級が設けられるようになったが、そこでの言葉の学習指導は、程度を下げて反復練習を繰り返す傾向があった。国語科教育研究者と自認している私にしても、特別支援を必要とする学習者への「ことばの教育」に関する言及はほんのわずかである。「学力問題としての〈つまずき〉」(『国語科教育論』1996年、溪水社）に過ぎない。
　原田大介（Ⅰ-1）が指摘しているように、私は「国語教育の理論や実践を語る際に、特別支援の観点」を反映することは乏しかった。この事実を自覚して、国語教育と特別支援教育との連携を図る『ハンドブック』を編むことにした。私自身が学ぶために、特別支援の観点に立つ国語教育の理論研究を尋ね、実践をたどる書を編んで貰ったと言ってもよい。
　もちろん、私には、高い視座から「特別支援の観点に立つ国語教育の理論と実践」について語る資格はない。ここでは、私が「特別支援教育に触れた」と思った出来事をたどって本書に期待する所を述べることにする。

　私が障害児の教育の必要性を感じた最初は、比較国語教育研究の対象として「ロシア・ソビエトの国語教育」を選んだ時である。大学院生になった夏（1960）、東京・代々木の「日ソ学院」で夏期講習の初級を受け、その初日の「発音練習」で私はつまずいた。
　Дружба（友情）のруが発音できなかった。巻き舌のロシア語発音である。私は何回読んでもカタカナの「ドルージバ」となるのである。指名されて10回ほど繰り返し発音させられたかと思う。結局カタカナ発音は直らず、先生は「ハイッ、つぎの人っ」と言われた。「私の耳はダメだ」としみじみ思った。

i

ことばを音声で言えなかった悲しさは、八十歳近くなった今も思い出すことができる。
　その後10年ほど経って、近藤益雄氏の実践記録を手にした時、「ラ行の発音指導にあたっては、まずガラスコップを使って水を飲ませる。そのつぎに少量の水を含ませて「ガラガラッとうがいをさせるとよい。」という体験に基づいた知見が述べられていた。そこに近藤益雄の教育方法があると思った。

　近藤原理は、父親・近藤益雄の始めた障害者施設「なずな園」を受け継ぎ経営しつつ教師をされていた。特別な支援を要する学習者の教科指導で留意しなければならない三点を指摘していた。
① 児童生徒がいまのぞんでいる事項や、また将来にわたり最低必要と思われる事項を、易しいものから難しいものへとおおまかにおさえた教材配列表を用意しておく。
② それをその子のいまの力や年齢・障害程度に応じて取りあげ、生活と結びつけ、興味・関心を喚起させながら具体的に、特設時間または他の活動のなかで随時、臨機応変に教えていく。
③ このとき一般に考えられているように、国語では平がな→カタカナ→漢字とか、漢字も画数の少ないものから多いものへといった、あるいは算数ならば、たし算→ひき算→掛算、ひき算ができなければ買い物はできないといったような定式にはかならずしもいかないということである。（近藤原理『地域で障害者と共生五十年』1999　太郎次郎社　p.45）
　②の「生活と結びつけ、……随時、臨機応変に」とは、具体的にはどうすることであろうか。③はいっそう困難な課題である。多くの実践事例に学び、それに基づいて「よき実践」への処方を見いだしていかなければならない、と私は考えた。

　2003年、自閉症児は、一つひとつの単語の意味がわからないため、接続詞が理解できないため、物語絵本の読み聞かせに関心を見せない、と江口季好は述べている。

はじめに

　　読む力を伸ばす入門期は絵本より紙芝居がいいようです。これも裏の
　文を読んだり、CDで聞かせたりするよりも、絵を見せて話し合いなが
　らすすめたほうがいいようです。
　　また、数ページの物語よりも一ページ五行くらいの詩的表現の読みか
　ら始めたほうがいいようです。(江口季好編『自閉症児の国語(ことば)の
　教育』　同成社　P.38)

私は、「なぜ〈詩的表現の読みから始めたほうがいい〉のだろうか」と自問し、研究してみたい課題であると思った。

難波博孝（Ⅰ-2）は、特別支援教育と医療との共通性を指摘している。最近私が読んだ本では、徳永進医師が、キュア（治療）と看護（ケア）の接近から融合への道筋を説いた文章が心に残った。その中で生命倫理を考えるにあたって、近代医療の用語ではなく「一三の和語たち」を原点にすえてみてはどうだろう、と提案していた。

　①たっとぶ　②いつくしむ　③さする　④はぐくむ　⑤つつしむ
　⑥ひらく　⑦わらう　⑧とまどう　⑨あやまる　⑩ゆるしあう
　⑪いのる　⑫ほろびる　⑬ユイマール

　　　　　　　　　（徳永進著『こんなときどうする？』　岩波書店　pp.212-226）

すべての子どもたちに言葉を育てようとする私たちにとって、その志を生かす方法が、この「一三の和語たち」にこめられていると思った。時間的には時代を超えて、空間的には職域を越えて言い継がれてきたこれらの和語の持つ意味を、実践しながら、研究しながら深めていきたい。

このたび、難波博孝・原田大介両編集者を得て、本書を世に問うことができることを、私は大きな喜びとしている。特別支援学校、特別支援学級の教育に携わっている先生がたのみならず、むしろ通常学校の国語教師に読んでいただきたいと願っている。私も何度も読み返して学びたい。すべての子どもが生きる喜びを感じることのできる世の中を夢見つつ。

2014年7月1日

もくじ

はじめに―特別支援とことばの授業―
　………………………………………… 元早稲田大学特任教授　浜本　純逸 … i
　　　　　　　　　　　　　　　　　　　神戸大学名誉教授

第Ⅰ部　特別支援とことばの授業づくりの考え方

第1章　学習者のコミュニケーションの実態とことばの授業の
　　　　可能性　―「伝え合う力」をより深く獲得していくために―
　………………………………………………………………… 原田　大介 … 4

第2章　教師の話し方を考え直す
　　　　―特別支援教育に必要な教育話法を探る― ……… 難波　博孝 … 11

第Ⅱ部　特別支援学校におけることばの授業づくり

第1章　小学部①　こどもが「わかる」を大切にした授業づくり
　………………………………………………………………… 高井　和美 … 20

第2章　小学部②　重複障害のある子どものことばの指導
　………………………………………………………………… 古山　　勝 … 39

第3章　中学部・高等部　想像世界で自由に表現する力を育てる
　　　　国語の授業 ……………………………………………… 新井　英靖 … 55

　コラム1　肢体不自由児へのことばの授業　…………… 藤井明日香 … 75
　コラム2　言語障害児へのことばの授業　……………… 伊藤　伸二 … 77
　コラム3　視覚障害児へのことばの授業　……………… 氏間　和仁 … 79

第Ⅲ部　特別支援学級におけることばの授業づくり

第1章　小学校①　特別支援学級におけることばの授業の
　　　　創意と工夫 …………………………………………… 高橋　浩平 … 82

第2章　小学校②　自分の生活につながる国語の授業づくり
　　　　　………………………………………… 三寺　美穂 … 95
第3章　中学校・高等学校　思春期の育ちを支える
　　　　ことばの授業 ……………………………… 小林　徹 …113

　コラム4　聴覚障害児へのことばの授業 ………………… 中野　聡子 …132
　コラム5　重複障害児へのことばの授業 ………………… 高野美由紀 …134
　コラム6　ダウン症児へのことばの授業 ………………… 菅野　和恵 …136

第Ⅳ部　通常学級におけることばの授業づくり

第1章　小学校①　コミュニケーションを学ぶことばの授業
　　　　づくり　―特別支援学級と通常学級との連携を想定して―
　　　　　………………………………………… 原田　大介 …140
第2章　小学校②　スイミーのオリジナル絵本をつくって、
　　　　1年生に読み聞かせよう
　　　　　………………………………………… 稲田　八穂 …156
第3章　中学校・高等学校　中学校国語科におけるコミュニ
　　　　ケーションの授業　―特別支援学校／学級に学ぶ通常学級
　　　　での取り組み― ……………………………… 永田　麻詠 …177

　コラム7　院内学級のことばの授業 …………………… 平賀健太郎 …195
　コラム8　生活単元学習とことばの授業づくり ……… 湯浅　恭正 …197
　コラム9　発達障害とは何か ……………………………… 落合　俊郎 …199
　コラム10　ことばの授業と保護者・教員との連携 …… 山下　恵子 …201

おわりに　―取り上げられた教材と本書の使い方―
　　　　　………………………………………… 難波　博孝 …203

特別支援教育と国語教育をつなぐ
ことばの授業づくりハンドブック

第Ⅰ部

特別支援と
ことばの授業づくりの考え方

第1章
学習者のコミュニケーションの実態と
ことばの授業の可能性

− 「伝え合う力」をより深く獲得していくために −

1．はじめに

　これまで国語教育では、特別支援学校、特別支援学級、通常学級と十分な連携が行われてこなかった。また、発達障害のある児童・生徒など、通常学級に在籍する特別な支援を要する学習者へのまなざしも乏しかった。このため、教師や研究者が国語教育の理論や実践を語る際に、特別支援の観点はほとんど反映されてこなかった。

　一方、特別支援学級や特別支援学校における国語の時間では、学習者一人ひとりの実態をふまえた独自の取り組みがなされてきた。ただし、そこでの取り組みは個々の教師の実践記録にとどまり、国語教育の研究や理論をふまえた形で広がりを見せることがなかった。

　私たち国語教育に携わる教師や研究者は、校種・級種を横断する新たなことばの授業を構想しなければならない。ここでは特別な支援を要する学習者の実態を手がかりに、ことばの授業の可能性を考えてみたい。

2．通常学級に在籍する学習者のコミュニケーションの実態

　2008年1月に示された中央教育審議会答申「幼稚園、小学校、中学校、高等学校及び特別支援学校の学習指導要領等の改善について」では、「国語は、コミュニケーションや感性・情緒の基盤」であり、「自分や他者の感情や思いを表現したり、受け止めたりする語彙や表現力」を学ぶことが「他者とのコミュニケーション」において必要であると述べられている。

　また、中央教育審議会は学習者のコミュニケーションの実態の例に「キレ

る」児童・生徒の言動を取り上げている。「キレる」という言動が取り上げられるようになった背景には、二つの大規模な調査結果が考えられる。

　一つ目は、2002年の国立教育政策研究所による「「突発性攻撃的行動および衝動」を示す子どもの発達過程に関する研究－「キレる」子どもの成育歴に関する研究」である。この調査では「キレる」児童・生徒の教室や家庭での言動や、「キレる」ことの要因や背景について報告されている。この報告から、学習者が「キレる」要因には「①経済的貧困の家庭にいる児童・生徒であること」「②夫婦の関係性（性差の権力関係）の不仲・不均衡から暴力を受けている児童・生徒であること」に加え、「③発達障害のある児童・生徒であること」の３点があると推測される（原田2011, p.56）。

　この推測は、二つ目の調査とも深く関連している。2002年の文部科学省による「通常の学級に在籍する特別な教育的支援を必要とする児童生徒に関する全国実態調査」では、通常学級に在籍する約6.3％（2012年の同調査では約6.5％）の児童・生徒に発達障害の可能性があることが報告された。

　以上、2008年の答申と二つの調査結果から、通常学級に在籍する学習者のコミュニケーションの実態として、次の３点を確認できる。
　(a)　発達障害のある児童・生徒がいる。
　(b)　「キレる」言動を繰り返す児童・生徒がいる。
　(c)　目立つ言動としては現れないが、自分や他者とのかかわりが困難な児童・生徒がいる。

ことばの授業づくりに取り組む上では、(a)(b)(c)の学習者すべてに必要なことばの学びを考えなければならない。

3．国語科の目標とは

　そもそも国語科とは何を目指す科目なのか。特別支援学校小学部と小学校の学習指導要領における国語の目標をそれぞれ見てみたい。

　特別支援学校小学部の学習指導要領における「知的障害者である児童に対する教育を行う特別支援学校」の〔国語〕の目標は、次のように記載されている。

第Ⅰ部　特別支援とことばの授業づくりの考え方

> 　日常生活に必要な国語を理解し、<u>伝え合う力を養う</u>とともに、それらを表現する能力と態度を育てる。（文部科学省2009, p.53, 下線は引用者）

　また、知的障害者である児童以外の「視覚障害者、聴覚障害者、肢体不自由者又は病弱者である児童に対する教育を行う特別支援学校」の「各教科の目標」については、「小学校学習指導要領第2章に示すものに準ずるものとする」とある（文部科学省2009, p.279）。
　次に、小学校学習指導要領の国語の目標を見てみる。

> 　国語を適切に表現し正確に理解する能力を育成し、<u>伝え合う力を高める</u>とともに、思考力や想像力及び言語感覚を養い、国語に対する関心を深め国語を尊重する態度を育てる。（文部科学省2008, p.9, 下線は引用者）

　このように、各校種で共通して記載された国語の目標は、「伝え合う力」を学習者に育てることにある。なお、学習指導要領において「伝え合う力」とは、「人間と人間との関係の中で、互いの立場や考えを尊重し、言語を通して適切に表現したり正確に理解したりする力」と説明されている（文部科学省2008, p.9）。

4．学習者の実態とのずれ

　先に確認した(a)(b)(c)の学習者の実態を見ると、「伝え合う力」を獲得することの重要性がわかる。しかし、別の見方をすると、(a)(b)(c)の実態が続いているからこそ、学習者はこの「伝え合う力」を十分に獲得できていないこともわかる。すべての学習者が「伝え合う力」を獲得できるだけのことばの授業が展開されていないこと、あるいは、そもそも「伝え合う力」とは何か、「伝え合う力」は誰にとってどのように必要なのか等の理念や必要性が学校

現場で広がっていないことが考えられる。

　小学校学習指導要領で言えば「伝え合う力」は1998年から国語科の目標に記載されている文言である（特別支援学校学習指導要領では2009年から記載）。すでに15年以上が経つこの文言が学習者のことばの学びに寄与していないのであれば、「伝え合う力」をめぐることばの学びに新たな観点を加えていく必要がある。

　ここでは「伝え合う力」をめぐることばの学びに新たな観点を加え、学習者が「伝え合う力」をより深く獲得するための考え方をいくつか提示してみたい。

5．非言語（ノンバーバル）の可能性

　ADHD（注意欠如・多動症）の学習者の場合、教室内で歩きまわるなどの「多動」が注目されがちである。だが、多動と同じく重要なのは、「注意欠如」である。注意力を持続させることが困難なその障害は、記憶力とも深い関連性がある。教師から指示されたことや友だち同士の会話に注意して聞き続けることが難しく、記憶できていないことが少なくない。このことは、多動と比べて目に見えるものではないために理解されにくく、本人の努力不足などと言われがちである。教師はメモを取ること、言われたことを一度声に出して耳や口を使って記憶すること、絵や図で具体化することなどの教育支援を学習者にしつつも、それでも記憶できない場合もある。

　これまでことばの授業は、言語（バーバル）の教育に特化してきた。ペーパーテストはその特徴を如実に示したものである。しかし、人と人とがかかわる上で、言語（バーバル）だけでなく非言語（ノンバーバル）も必要なのは明らかであり、言語（バーバル）の習得だけを見通した従来のことばの授業には限界がある。ADHDの例が示すように、様々な身体的特徴のある人とかかわるためには、言語、非言語を問わず、コミュニケーションをめぐる様々な仕組みや方法を、まずは学習者が知識として獲得しなければならない。

　非言語の観点をふまえたことばの授業の方法としては、絵本、紙芝居、ペープサート、エプロンシアター、パネルシアター、劇化、動作化などが考えら

れる。近年では動画を用いた授業なども含まれる。これらの学習方法は、学習者が他者とかかわる上での知識や技能に変えていくための手がかりにもなる。「伝え合う力」をより深く獲得するためのことばの授業には、非言語の観点を大切にしたい。

6．プライベートなまなざし

　ことばの授業づくりの具体的な作業は個の実態把握から始まる。実態把握の方法には、学習者の個人記録、前担任や支援員からの引き継ぎ、学力テスト、創作物、授業内外での行動の観察、保護者や同僚への聴き取りなど、様々にある。教師がすぐに取り組める方法は観察であり、確実に継続して残したいものは学習者の個人記録である。

　個の実態把握をすることの利点は、授業による学習者の学びや変容をより深く見取ることができることや、教師と学習者との信頼関係が生まれることにある。加えて、学習者の興味／関心、好きなこと／嫌いなこと、快／不快も教師は確認できる。このような学習者のプライベート（私的）なまなざしは、ことばの授業づくりを支える視点として有効である。同様に、学習者もまた、自分以外の学習者や教師のプライベートに強い関心がある。

　小学校の通常学級での授業で実際、授業内外を問わず絵を描き続ける傾向のあるLDの学習者が、教師が前日に行ったプライベートなこと（例えば家族で動物園に行った話など）を話し始めると途端に顔をあげて教師を見る、という場面に何度か出会った。このことから、学習者側と教師側それぞれのプライベートがつながるとき、学習者の授業への参加の度合いは強くなることがうかがえる。

　もちろん、教室はパブリックとプライベートが混在する空間である。常に互いのプライベートを求め続けるのも無理があるし、すべきでない。それぞれのプライベートをどう見出し、どのタイミングで、どのようにことばの授業につなげるのかを考えるためにも、個の実態把握は欠かすことができない。「伝え合う力」をめぐることばの授業は、プライベートなまなざしを基盤に位置づけることを提案したい。

7. 包摂と再包摂

　近年の通常学級における特別支援教育論は、特別な支援を要する学習者を通常学級に包摂することを目指すものが多い。このこと自体は大切なことであるが、特別な支援を要する学習者以外の学習者への配慮が不足になりがちになる。特別な支援を要する学習者にことばの学びが生まれ、その学習者のことばの学びを他の学習者との間で拡げたり深めたりすることは、これまで排除されてこなかった学習者たちに新たなことばの学びの可能性が生まれる。このことは、包摂（インクルーシブ）されてきた学習者たちを再包摂（リ・インクルーシブ）することになる。インクルーシブなことばの授業では、特別な支援を要する学習者を包摂することだけを目的とするのではなく、常に他の学習者を再包摂できているかを考えなければならない。
　再包摂（リ・インクルーシブ）された学習者たちは、さらに他の学習者を再包摂するようになる。これから目指す「伝え合う力」をめぐることばの学びは、包摂と再包摂のサイクルの中で生まれるものだと考えたい。

8. おわりに

　以上、ここでは特別な支援を要する学習者を含む、すべての学習者が「伝え合う力」をより深く獲得するために、①非言語（ノンバーバル）、②プライベートなまなざし、③包摂と再包摂、という考え方を提示した。これら3点についてのさらなる具体化はこれからの課題である。
　今後、国語教育に携わる私たち教師や研究者は、「伝え合う力」をめぐる理論や実践について積極的に語り、その内容について検証していくことが必要である。学習指導要領の問題点や可能性を指摘し合うのもよいだろう。そのためにも、校種・級種間での連携を続けていきたい。
　「伝え合う力」とは、あくまで制度的な文言である。文言の定義の細部にこだわらずに、自由にことばの授業を展開し、理論を生み出していく方向性もある。この場合、例えば「コミュニケーションをめぐることばの学び」などのように、新たなことばの授業の枠組みを設けて教師や研究者が提言していくことも考えられる。第Ⅳ部第1章は、その一つの試みでもある。特別な

支援を要する学習者を含む、すべての学習者によりよいことばの学びが生まれることを目指していきたい。

引用参考文献
原田大介（2011）「暴力の観点からコミュニケーション教育を考える‒「キレる」児童・生徒と性をめぐる問題を中心に」国語教育思想研究会編『国語教育思想研究』第3号
原田大介（2013）「国語科教育におけるインクルージョンの観点の導入‒コミュニケーション教育の具体化を通して」全国大学国語教育学会編『国語科教育』第74集
文部科学省（2008）『小学校学習指導要領解説国語編』東洋館出版社
文部科学省（2009）『特別支援学校学習指導要領解説総則等編（幼稚部・小学部・中学部）』教育出版

（原田　大介）

第2章
教師の話し方を考え直す
― 特別支援教育に必要な教育話法を探る ―

1. 教育話法について

　教師の話し方聞き方を研究する領域が、国語教育研究にある。この分野の研究を教育話法研究という。教育話法とは、「教育を媒介していく話しことばのありかたを、技術論的にその実践方法の面から求めるために、特に教育話法と呼ぶ（野地1953, p.4）」といわれており、教育現場における教師の話し方・聞き方を指す。国語教育研究が教育話法の研究を一分野として持つのは、例えば「聞くこと・話すことの学習においては、教師の（教育話法内の：難波注）描写力そのものが、学習者の聞く力・話す力に直結（三浦1993）」するからである。つまり、教師の話し方聞き方そのものが、教育方法や教育技術にとどまらず、学習者の話す力・聞く力に影響を及ぼすのである。

　教育話法研究の創始者である野地潤家は、野地（1952）で「教育話法は、この生活話法〈日常話法〉を基盤としながら、新しく習得されていくべき職業話法〈専門話法〉である」と述べている。また、野地（1953）は、教育話法への期待の中に「身ぶり性への期待」も含めており（pp.36-37）、音声非言語や非音声非言語にまで及ぶものである。そこで、教育話法というときは、音声非言語や非音声非言語も含めた「教師のコミュニケーションスタイル」ととらえ、それが「学習者のコミュニケーションスタイル」に影響を及ぼす、という文脈で考えることにする。

　本章では、支援が必要な学習者に私たちはどのようなコミュニケーションスタイルで関わればいいのだろうか。このことを考えてみたい。

2．過剰な思いやりコミュニケーションについて

　このことを考える上で、避けては通れないコミュニケーション問題がある。それは、「過剰な思いやりコミュニケーション（Patronizing communication）」（以下、過剰な思いやりコミュニケーション）の問題である。1900年代半ばから、欧米の老年学研究で、高齢者と係る仕事に携わる人々が行う職業コミュニケーションのスタイルに往々にして見られるものとして「Patronizing speech」や「Patronizing communication」というコミュニケーションスタイルがあると指摘され始めた。「Patronizing communication」とは、日本語では「保護するようなコミュニケーション」や「支援意識のあるコミュニケーション」という意味で、一見よさそうなコミュニケーションスタイルに見えるが、「patronizing」には、「人を見下した、人を小馬鹿にした」というニュアンスがある。つまり「上から目線で守ってあげるスタイルのコミュニケーション」が、過剰な思いやりコミュニケーションである。

　宇佐美（2011）は、過剰な思いやりコミュニケーション研究の代表論文であるRyan et al.（1995）を援用し、過剰な思いやりコミュニケーションを「高齢者を無力で依存的であると捉える、根拠のない思い込みのために、高齢者とのコミュニケーションにおいて生じる過剰な調節行動、すなわち、不必要に修正した言動」とし、具体的には、次のようなものを挙げている。

---

① 高齢者を見ると、なんとなく耳が遠いのではないかと勝手に思いこみ、必要もない人にまで大きな声で話す
② 家族以外の者が、あまり親しくない高齢者をおばあちゃんおじいちゃんと呼び、高齢者を名前で呼ばない
③ 特に家族などが、また〜したの！早く〜しなさいよ！と命令口調で話す
④ 言語面だけでなく、ちょっとしたことを大袈裟に誉めたり、少し馴れ馴れしく体に触れる

　これらのコミュニケーションスタイルが、高齢者の尊厳を損なうというこ

とで、老年学の世界で問題視されるようになってきている。例えば、野中(2004) は、自分を高齢者だと認識していない大多数の被験者は幼児言葉などを使われると不快に感じ、ばかにされている気がすると報告し、梅本(2008) は、過剰な思いやりコミュニケーションが、高齢者の誇りを著しく傷つける「過剰適応」になってしまっていると指摘している。

　この過剰な思いやりコミュニケーションは、言語教育の分野でも問題視されるようになっている（足立（2005）や関（2007））。例えば、足立（2005）は、日本語ボランティア教室で、日本語ボランティアが使う日本語が「差別や偏見を生みやすい「Patronizing communication（保護するようなコミュニケーション）」（＝ここでは日本語非母語話者を特別扱いするやさしい日本語によるコミュニケーション）を作りあげる」と指摘している。

　老年学でも日本語教育でも言われているように過剰な思いやりコミュニケーションとは、相手を「弱い、保護し支援するべきもの」と自動的に（相手を個別的に捉えず、ひとまとまりと）捉え、「上から目線で」コミュニケーションしようとし、これが、相手との対等な関係を崩し、尊厳を損なうようになる。

　結局、過剰な思いやりコミュニケーションは、「相手を一枚岩と捉え、偏見と先入観に基づいて分類化する（溝上2013）」コミュニケーションスタイルであり、「本質的に差別的である（溝上2013）」といえる。

　しかし、やっかいなのは、過剰な思いやりコミュニケーションというスタイルは、だいたいは相手の高齢者のニーズに合わせたコミュニケーションスタイルをしようというよく考えられた努力から生まれているにもかかわらず（たとえばおもいやりや慈しみの気持ちを伝えるためのように）、逆に相手に敬意の欠如を伝えてしまうことになるという「本質的な逆説」（いずれもRyan et al.）があるということである。

3．Patronizing communicationと学校教育／特別支援教育

　高齢者介護や多くの日本語教育の現場では、「大人－大人」のコミュニケーションが行われる。一方、学校教育や子どもを対象とした日本語教育では、「教師としての大人－学習者としての子ども」のコミュニケーションが行わ

第Ⅰ部　特別支援とことばの授業づくりの考え方

れる。さらに特別支援教育では、「支援をする人−支援をされる人」という非対称関係がさらに加わる。

　このような二重、三重の非対称関係が生成する場面では、過剰な思いやりコミュニケーションが発生する機会も多くなるだろう。一方で、大人は子どもを導く存在である。教師は子どもを育てる存在である。支援者は非支援者の支援をする人である。そう考えると、学校教育やその中の特別支援教育の場面で、過剰な思いやりコミュニケーションが生成するのは仕方がないともいえる。

　しかし、これまでの過剰な思いやりコミュニケーションの研究が示すのは、過剰な思いやりコミュニケーションが起きるところでは、対等の関係が成立せず、結果的にこのコミュニケーションを受ける人は、その尊厳を損なわれるということである。

　それでは、学校教育やその中の特別支援教育の場面で、教師は、過剰な思いやりコミュニケーションが起きないようにするために、どんなコミュニケーションスタイルをとればいいのだろうか。

　長年特別支援教育におけるコミュニケーションを研究してきた鯨岡（2000）は、コミュニケーションに、二つの側面、理性的コミュニケーションと感性的コミュニケーションとがあることを指摘し、図のような発達モデルを示した（p.20）。そして、学校という場が、子どもを「教え導く」という枠組みのもとで、理性的コミュニケーション重視になりがちなのだが、「重度の障害を負った子どもの実態に即して問題を考えようとするかぎり、おのずと後

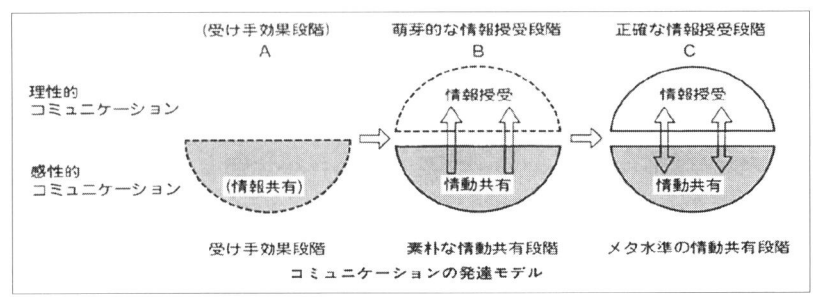

（図：コミュニケーションの発達モデル　鯨岡（2000）による）

者の感性的側面を重視した立場を取らざるを得ないのではないか」という認識を示す。これは、教育全般、コミュニケーション全般について、まずは感性的コミュニケーションによる「情動共有」が重要であるが、特に特別支援教育においてより重要であるということである。

このことには、筆者も異論がない。しかし、「情動共有」は言葉で言うほど簡単なことではない。勝浦（2010）は、特別支援教育支援員として一人の非定型発達生徒に関わった事例から、「その生徒を学校において「異文化」に生きる人として位置付け、その枠組みを支援に活かすことの意義と教育実践上の難しさ」について、この生徒に寄り添おうとすることによる「手応え」とともに「分からなさ」が残ることも述べている。

特別支援教育で出会う子どもたちに、特別支援教育に携わる大人が「自分も、以前はこのような子どもだった」あるいは「自分の心の中にも、このような子どもがいる」という認識・自信・信念を持つことは難しいだろう。「情動共有」も難しく、若い教師は「心のつながりが持てない」ことによる、燃え尽き症候群になることもあるかもしれない。そうなると、一人一人の子どもに寄り添うという名目はそのままに、実際は、特別支援教育の対象者を、ひとまとまりに捉え関わっていこうとすることもありうるかもしれない。

Ryan *et al.*（1995）は、一人一人の高齢者の個別性を見ないで、高齢者をひとくくりにしてしまうことから起こる過剰な思いやりコミュニケーションのメカニズムを説明している。彼らは、このメカニズムが高齢者に関わる医療や福祉の従事者がバーンアウトすることを防ぐ役割もあることを示している。このことから類推するに、特別支援教育の現場で、一人一人の子どもを見つめ感性的コミュニケーションを図ろうとしてもなかなか難しい現実の中で、自分自身のバーンアウトを防ごうとして、次のようなメカニズムが働く可能性がないとはいえない。

特別支援教育対象者を見る→特別支援教育対象者の特徴を認知する→特別支援教育対象者のコミュニケーション能力についてのステレオタイプを措定する→過剰な思いやりコミュニケーションに基づく行動を行う。

しかし、特別支援教育従事者に、このメカニズムを伝え、これを起こさな

いようにしなければならないとか、ステレオタイプを持たず一人一人の子どもを見つめよ、そして、一人一人の子どもと情動共有をしてコミュニケーションを図ろう、と呼びかけるのは、更に酷なことを迫っているとも言える。先程述べた「本質的な逆説」、つまり、ジレンマがここにはある。

4．精神論からの脱皮

　私はこのジレンマを克服する方法の一つが、「特別支援教育従事者が獲得するべき専門話法としての教育話法」だと考えている。1で示したように、野地は教育話法を「技術論的な実践方法」としていた。教育話法には、具体的にどんなコミュニケーションスタイルをとればいいのかという技術が入っている。しかし、その技術には、理論・理念・哲学の裏打ちがなければならない。さらに、具体的な事例の積み上げも必要となるだろう。

　そうすると、特別支援教育における、専門的な教育話法ということが考えられるはずである。一人一人に合わせたコミュニケーションスタイルをとるための具体的な技術とその裏打ちとなる哲学及び事例の裏打ちが必要となる。ステレオタイプに陥って過剰な思いやりコミュニケーションにならず、一方で一人一人を支えていくことができる具体的な技術としての、教育話法である。

　ここで参考になるのが、高齢者介護の現場で広まり始めた「ユマニチュード」というケアメソッドである。「ユマニチュード」とは、フランスで30年の歴史をもつものであり、「150の実践的ケア技術で構成され」「認知症患者を全人的にケアしようとする倫理的視点がメソッド全体に貫かれており、実践的なケア哲学（『看護管理』2013年10月 p.909）」と言われている。ユマニチュードを日本に導入した本田は、高齢者に関わる現場で「自分の仕事に疲れ果てバーンアウト状態となって職場を立ち去る者も少なくありません（本田2013）」という実態の中でユマニチュードの日本初の研修会を開いた。

　ユマニチュードは、「ケアする人とはなにか」「人とはなにか」という根源的な問いについての哲学的な思索の上に、四つの柱「見つめること・話しかけること・ふれること・立つこと」と、その具体的なケア技術とで成り立っ

ている。たとえば話しかける技術では、「認知症が進行している人に話しかけるときには、水平に、正面から、長い時間をかけて、相手の顔から20cmくらいの距離で話しかける」という具体的な技術が示される。この技術の中に、「人を人として受け入れる」哲学が表現されている。

　私は、ユマニチュードにも学びながら、特別支援教育の抱えるジレンマを乗り越える教師の教育話法の、その哲学と技術を、今までの実践と実践知の積み重ねおよび研究の積み重ねから、具体的に展開していく国語教育としての研究の結実を期待しつつ、自分自身もそれに携わっていきたいと考えている。

引用参考文献

足立祐子（2005）「日本国内における『定住外国人に対する日本語学習支援』をめぐる問題と提案」『Electronic Journal of Foreign Language Teaching』Vol. 3, No. 2 Centre for Language Studies.National University of Singapore.

伊東美緒・本田美和子（2013）「ユマニチュードのケアメソッド」『看護管理』2013年10月　医学書院

宇佐美まゆみ（2011）「高齢者との円滑なコミュニケーションのために－高齢社会のコミュニケーション環境とポライトネス理論の観点から－」『月報司法書士』No.472

梅本仁美（2008）「高齢女性の会話に見られる「グループ・アイデンティティー」について」『国際研究論争』21(3)

勝浦員仁（2010）「非定型発達の生徒を「異文化」に生きる人として位置付ける意義とその難しさ－特別支援教育支援員の立場から－」『人間・環境学』第19巻

鯨岡峻（2000）「重い障害のある子どもと教師のコミュニケーション」鯨岡峻編（2000）『養護学校は、いま』ミネルヴァ書房

関真美子（2007）「初級レベルのビジターセッションにおける学習者とビジターの「対等な関係」作り－ビジターへの「働きかけ」の試み－」WEB版『日本語教育実践研究フォーラム報告』日本語教育実践研究フォーラム

野地潤家（1952）「教育話法の問題点－習得期の不安をめぐって」『国語科教育』1　全国大学国語教育学会

野地潤家（1953）『教育話法の研究』柳原書店
野中昭彦（2004）「高齢者は赤ちゃんに戻るのか－幼児言葉に対する高齢者の反応－」『Communication Education』Vol.17日本コミュニケーション学会
本田美和子（2013）「ユマニチュードとの出会いと日本への導入」『看護管理』2013年10月　医学書院
三浦和尚（1993）「国語科における教育話法の研究：描写の場合」『愛媛大学教育学部紀要』第Ⅰ部　Vol.40　no.1
溝上由紀（2013）「報道とオリエンタリズム－東日本大震災の英語報道における日本人のステレオタイプ的表象の批判的分析－」『愛知江南短期大学紀要』42
Ryan, E. B. Hummert, M. L. & Boich, L. H.（1995）「Communication predicaments of aging」『Journal of Language and Social Psychology』Vol.14 Nos.1-2.
「特集　チームで取り組む認知症ケアメソッド「ユマニチュード」その理念と実際」『看護管理』2013年10月　医学書院

（難波　博孝）

第Ⅱ部

特別支援学校における
ことばの授業づくり

第1章
小学部①　こどもが「わかる」を大切にした授業づくり

１．はじめに
　特別支援学校においては、ことばの指導を個別学習の形態で行うことが多い。児童の実態に応じた個別の指導計画に基づき、教科の系統性や教材の順序性を考慮した個別指導で、学習課題が「できる」ようにはなるのだが、その学習の成果が実際の生活の中で十分に活用できていないことが多い。自閉症児をはじめ、人との関わりに弱さを抱えている子ども達も、友達とともに学習を楽しんだり競い合ったりできる力を持っている。ただ「できる」だけでなく、友達と一緒に「わかる」という実感（体験）を通して「できる」ようになってほしいと願いながら、様々な発達段階の児童で構成された学習集団を大切にしたことばの指導に取り組んでいる。

２．知的障害児へのことばの指導で大切にしていること
(1)　豊かな言葉を育む
　子ども達のことばを豊かにするということは、単に語彙量を増やすことにだけ目を向けるのではなく、使い方に興味・関心を持ち、言語意識を高めることにより言語感覚を育てるということにある。ことばに遅れを持つ子どもたちがことばを学び、学び取ったことばが生活の中で生きて働く知識となり得るためには、ことばに対する興味・関心を誘う「場」や「活動」を体験させることが重要である。
　そこで、書き言葉以前の段階にある子ども達の話し言葉の充実を目指して、詩の群読や絵本の読み聞かせ、ことばあそびの活動を取り上げながら音声言語指導を実践している。

詩は、「リズムのおもしろさ」、「レトリックのおもしろさ」、「視点（発想）のおもしろさ」といった、ことばのおもしろさに触れることのできる教材的価値を持っている。詩人のものの見方を通して、子どもたちに周りのできごとをもう一度視点を変えて見直させることにより、新たな発見が生まれてくる。また、表現上普通の文章にはない自由さを持っており、発達段階の多様な小集団でも詩を読む活動を展開することが可能である。

ことばあそびは、ことばそのもののおもしろさに触れさせることをねらった活動である。ことばあそびというと、一見簡単そうであるが、ことばを構成する音や意味の重なり、また組み合わせなどを知っていないと遊びたくても遊べないものであり、ことばに遅れを持つ子どもたちにとっては意外に難しい活動である。しかし、このような活動を続けていく中で、遊びの材料となることばの理解を深めていくことが大切である。また、人とのやりとりの楽しさを経験させながら、ことばで伝え合い、コミュニケーションする力を育てることが大切である。

絵本は、豊かな言語獲得に重要な役割を果たすものである。絵本の読み聞かせを導入するのは、子ども達を作品の世界に引き込み、はらはら・どきどきさせながら、我を忘れて夢中にさせたいからである。子ども達のことばの豊かさをふくらませるためには、このような感情体験がとても重要である。また、子どもに生きて働くことばを教えるということは、知識としてのことばを教えるだけでなく、そのことばの持つイメージやそのことばから感じる感覚を学ばせることが大切である。ことばと絵の2つの世界を持つ絵本の読み聞かせを通して、子どもたちの感情と想像力を育てることで、やがてその力が豊かなことばを育んでくれると同時に、面白さや優しさ、美しさなどを感じ合いながら豊かな共感関係を発展させていくことにつながることを願っている。

(2) ほんとうに「わかる」をめざして

知的障害のある子どものたちの学習では、単に知識・理解を獲得することを目的とした学習ではなく、その内容を生活の中で生かせるような学びや目

の前に広がる世界の見方や感じ方の変容を促すような学びを保障することが大事である。つまり、子ども達の生活を充実させる（ことばを発する必要に迫られる生活を作り上げる）ための指導が重要である。そのためには、人的環境としての教師の役割は重要であり、教師と子どもが共同しながらことばを生み出すような学びを保障することが大事である。学習活動を終えた後でも余韻が残るような学びを積み重ねること、つまり、非日常の学習が日常の生活とつながった学習に転換されるような学びを体験させることで、子どもたちの世界は少しずつ広がり、豊かなものになるとともに生活の要求や強い欲求を自分のことばとして使えるようになっていくのではないだろうか。

　子どもがほんとうに「わかる」とは、自分の身（心）から発するものとしてことばを使うことができるようになるということである。ことばの使い方が腑に落ちたとき、子ども達はことばを主体的に使う生活の主体者として、新しい経験世界への挑戦を始めることができると思う。言語発達に関わる既得の生活経験が不足した子ども達だからこそ、ほんとうに「わかる」ということを大切にしながら、確かな言葉の獲得を目指した指導を展開する必要がある。そのために、以下の視点を大切にしてる。

　◆自己概念を高め、自尊感情を育てる。
　◆集団学習を通じて、子どもの居場所づくりをする。
　◆コミュニケーション欲求を高める。
　◆ことばを発する喜びや自信がもてる場作りをする。
　◆子ども相互のコミュニケーションの場を設定する。

　知的障害児の言語指導においては、自分を取り巻く環境に対して積極的に働きかけていけるような言語経験を大切にした学習をどう仕組んでいくかが教える側の課題であると思う。ことばの指導を、「道具」や「技能」として教えるのではなく、「経験」や「繋がり」として捉え直し、言語指導を通じて子ども達の生活の充実を目指すことが大切である。

3.「わかる」を大切にした指導の実際

事例1 〈授業と生活がつながる教材の工夫〉

【詩「かいだん」（せきねえいいち作「続・小学校朗読・群読テキストBEST 50」民衆社）の学習から】

詩「かいだん」の授業では、「かいだん」状に表記されている詩の音読を身体表現を加えながら、学年（11名）で楽しんだ。一斉授業の中では集中して取り組むのが苦手な自閉症児だが、

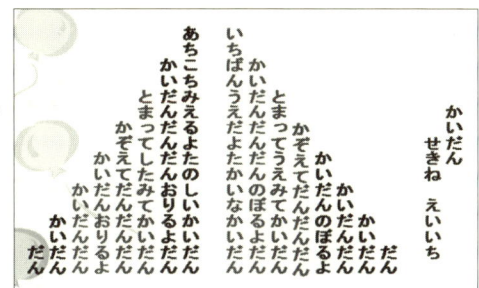

授業後、階段を上り下りしながら詩のフレーズを口ずさんでいることがあった。学年全員で行うダイナミックな学習を経験することで、子どもの生活に変化が見られたのである。学習集団を保障した授業づくりの大切さを実感した事例である。

この事例は、詩の持つリズムの面白さを体感したことで、階段を上り下りするリズムと詩のリズムが一致することに気づき、その面白さに浸っていたのだと思う。いつも目にする階段を見る目が変わったのである。学習した内容が具体的な生活とつながった瞬間である。学習内容が子どもたちの心に言葉の面白さの余韻として残ったのではないだろうか。

4.「教えたいもの」を「学びたいもの」に換える指導の実際

事例2 〈「教えたいこと」が「学びたいこと」になる学習活動の工夫〉

【「きょうはみんなでクマがりだ」（マイケル・ローゼン再話）の学習から】

(1) 指導計画（全11時間）
　　第一次　声をそろえて読もう　（4時間）
　　第二次　場面ごとに読もう　　（6時間）
　　第三次　全体を通して読もう　（1時間）

〈第3場面のオノマトペ〉

〈川を渡る体験活動〉

〈ほら穴に入る体験活動〉

〈ふぶきの疑似体験活動〉

〈みんなで作ったクマ〉

(2) 教材について

　本教材は、クマがりという子ども達にとっては非日常的な内容なのだが、各場面にリフレインが効果的に使われているため、勇ましい気分になって楽しく音読できる。また、オノマトペの部分は視覚的に工夫された提示方法が使われているので、お話の世界が十分理解できにくい自閉症児にとっても内容が捉えやすい。お話の内容理解に関わる学習ではあるが、自閉症児の特性を生かしながら他の知的障害児と一緒に同じ学習活動参加することができる。

(3) 指導にあたって

　「ことば・かず」の時間だけでなく、歩行学習や校外学習などの機会を利用して川や草むらなどに出かける経験を通じて、絵本に出てくることばの持つ意味や雰囲気、登場人物の気持ちなどを追体験できるようにした。また、リフレインの部分は、みんなで声をそろえて身振りを付けながら読むことで、友達と心を一つにして活動する大切さに気付けるようにした。

　授業研究をするとき、「教えたいもの」をいかに子どもの「学びたいもの」に移し替えていくかを考え、どの教材とどのような形で出会わせればよいかという点で、教材の選定は大切である。その教材選定のポイントとし

て以下の4つを考えている。
　①子どもたちの生活の中からイメージしやすい内容であること。
　②子どもたちの多様な表現が引き出せる内容であること。
　③学習活動の中で個別化を図る場の設定が可能な内容であること。
　④子ども同士が五感を通して関わり合い、学び合うことのできる内容であること。
　特に、自閉症児の「人間関係を形成する力」や「コミュニケーション能力」を高められるような教材を提供するためには、④のポイントを重視している。

5．自立活動の目標とことばの指導を関連させた指導の実際

事例3　〈児童の差異を生かした一斉学習の工夫〉
【「ごきげんのわるいコックさん」（まついのりこ　作・絵　童心社）の学習から】

　小学部高学年段階のことばの指導を考えるときには、集団を保障した授業づくりの中で個に配慮した指導を行うことが大切である。また、それぞれ持ち味の違う子どもたちが共通の教材に出会う中で、互いにかかわり合い模倣したり、評価しあう活動を通じて、社会性を伸ばしていくことができる授業づくりを構想していくことが大切である。
　本事例は、「ことば」の時間の一斉学習（読み聞かせを主とした教材）の場面で、「人間関係の形成」や「コミュニケーション」に関わる学習活動を展開することで、教科指導における指導方法の工夫に取り組んだものである。絵本や詩の持つ文化性（言葉の面白さや音の楽しさを共有できるなど）を教材として児童に出会わせ、学習集団の中で「聞いて、見て、感じる」場を共有する経験を繰り返しながら、自閉症等の知的障害児の「人間関係を形成する力」や「コミュニケーション能力」を高めていくことは、児童が自分の気持ちを発信する活動につながっていると考えている。
　学習活動において子ども同士の学び合いをいかに仕組んでいくかという点で子どもの「差異」を捉えるときには、個々の児童の弱さの部分だけでなく、強い部分（得意な部分）を強く意識し、それを生かした支援を心がけている。

例えば、教師の発問の意味が分かり自分の意見が出せる児童は、他の子どもたちのモデルとして活躍させることができる。また、人とのやりとりが大好きな児童は、やりとり遊びのモデルを生き生きとやって見せられる。その他、描画が得意な児童やいろんなことに興味深深の児童は、いつも学習展開のきっかけづくりをしてくれる。また、学習内容になかなかついてこられない重度の自閉症である児童が友達とかかわりながら楽しく参加できるような活動（その児童が興味を引くような活動を考えて、活動の中で役割を与えるなど）を工夫している。

　発達年齢に大きな差異をもつ学習集団による一斉学習は、学習のねらいをどこにもっていくかという点では非常に難しいのだが、自立活動の内容を参考にしながら、それぞれの児童のよさを引き出せるような発問や練り上げの場の工夫（子ども同士がやりとりしながら意味理解を深めていく場）を教師が意図的に仕組んでいくことで、自閉症の子ども達も、人と一緒に楽しみ、わかる喜びを味わえるのではないかと思う。

【意見が出せる児童が活躍できた場面】

　1・7場面を見て、コックさんの表情を積極的に模倣できる児童が表情を模倣することで、表情づくりが苦手な児童もその子なりの表情づくりができた。自閉症児には友達の表情に注目させてその子なりの表情づくりをしてもらった。

【面白さが分かる児童が活躍できた場面】

　3場面では「むにゅ　むにゅ」、4場面では「カチン　カチン」といった表現の面白い言葉が出てくるのだが、その音の面白さが分かる児童は、積極的に自分の頬をさわったり顔を硬直させるようなしぐさをしたりし始めるので、すかさず指名し他の児童にそのしぐさを模倣して動作化をしてもらう。この場面は、表情だけでなく手を使うなどの動作が入るので、一斉学習への参加が難しい児童にも担当の教師が支援しながら動作化をしてもらうことが可能となる。

【重度な児童が活躍できた場面】

　6から7場面に展開する場面で、コックさん役の後ろ向きの友達の肩をト

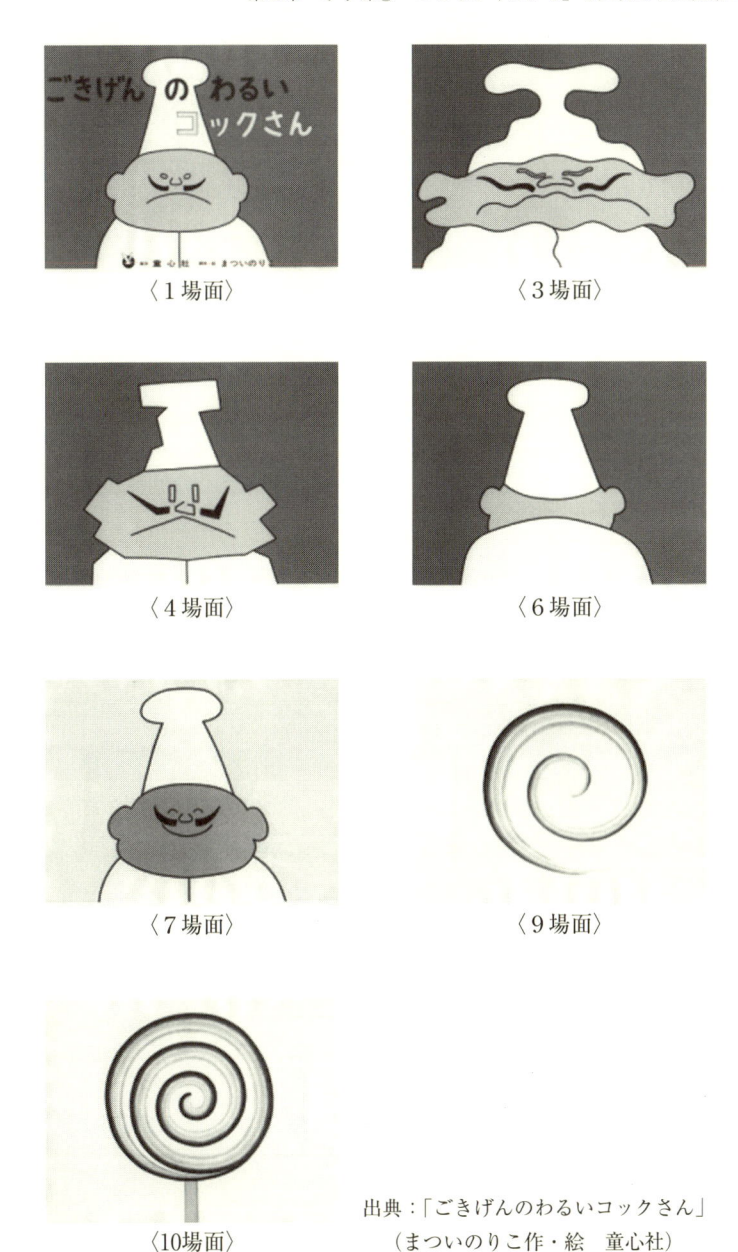

第1章 小学部① こどもが「わかる」を大切にした授業づくり

〈1場面〉

〈3場面〉

〈4場面〉

〈6場面〉

〈7場面〉

〈9場面〉

〈10場面〉

出典：「ごきげんのわるいコックさん」
　　　（まつ␣のりこ作・絵　童心社）

27

ントンたたく役をしてもらう。彼に肩をたたかれた児童は、振り向きざまに7場面のコックさんの笑顔を表現するという活動を取り入れた。始めは教師に促されてたたいていた児童が、次第に自分から手を出して友達の肩をたたく様子も見られた。10場面では、大きなキャンディー（ラミネートして貼りつけたもの）を紙芝居の紙面から取る活動も入れた。

【動作化ができる児童が活躍できた場面】
　9場面では、キャンディを作るときの「くるくる　ぐるぐる」という言葉に合わせて動作化をする活動を入れ、二人の動きを取り上げてみんなで模倣した。

６．友達とともに学ぶ楽しさを味わう学習指導の工夫

事例４　〈自作教具を使った児童参加型授業の工夫〉
　【「サラダでげんき」（角野栄子作、長新太絵　東京書籍）の学習から】

　小学部段階のことば（国語）の学習においては、「発語を促し、話をしようとしたり、意思を伝え合おうとしたりする意欲を育てることが大切」（特別支援学校学習指導要領解説書）である。「聞く・話す」の力の育成に重点を置いた授業作りを目指し、集団学習において言語発達に差異のある子ども達が、友達と一緒に生き生きと主体的に活動し、学ぶ楽しさが味わえるような学習活動を工夫することが大切である。集団学習における個を大切にしたことば（国語）の指導のあり方を考える視点として、以下の４つを考えて実践している。

　◆教材科の工夫
　　　簡単な筋から構成された物語を取り上げて、児童の空想性や想像力を膨らませ、いろいろな感情を体験できるようにする。日本語の面白さや声に出すことの楽しさ、伝えることの喜びを実感できるようにする。
　◆動作化
　　　言葉のイメージや意味を形成していくようにする。友達と一緒に参

◆繰り返し
　学習のパターン化を図り、見通しがもてるようにする。繰り返しの中で理解を深めるようにする。
◆共有
　教師の役割としては、児童から出たものを評価し集団に返すことで、児童同士をつなぐことができるようにする。児童の役割としては、友達同士でコミュニケーションを図ったり、その良さを共有できるようにする。

(1) 単元について
　この作品は、主人公のりっちゃんが病気のお母さんに元気になってもらうためにサラダ作りを思いつき、動物達のアドバイスを取り入れながらおいしいサラダを作り上げるというお話である。次々と登場する動物達とりっちゃんとの会話文やオノマトペにより、リズム感のある文章になっており、音読の楽しさや動作化の楽しさを味わうこともできる作品である。

(2) 指導にあたって
　文章表現だけでは十分に内容を理解することが難しい子ども達への支援として、自作教具を利用し児童がサラダ作りを疑似体験しながら読み進めるという学習を展開した。登場する動物の帽子をかぶって役割演技をしたり、ストーリーに沿ったサラダ作りをする活動では、フェルトや布で作ったきゅうりやハム、キャベツ、こんぶなどを利用したのだが、子ども達は毎時間飽きることなく、自分達のサラダ作りを楽しむことができた。

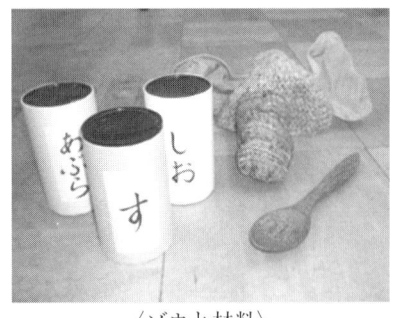

〈ゾウと材料〉 　　　　　　　　〈登場人物の帽子〉

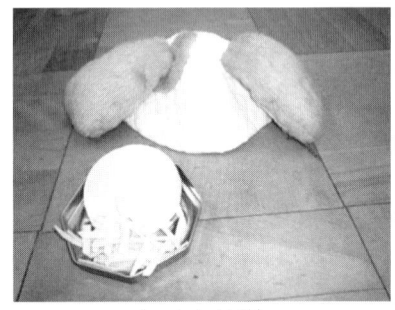

〈いぬと材料〉 　　　　　　　　〈布製の野菜〉

7．一斉学習と個別学習をつないだ指導の実際

　事例5　〈同一教材異目的追求を取り入れた授業の工夫①〉

　【「三びきのこぶた」の学習から】

　◆6名で一斉学習（前半20分間）

　　　　　　　　　→　2名ずつに分かれて個別学習（後半20分間）

(1)　一斉学習

　「三匹のこぶた」の話に関連した学習課題をみんなで追究した。

　教材化の工夫として、実物（わらや板、レンガ）を使って、子ぶたに扮した子ども達が役割演技を行う活動を取り入れたことで、話し言葉を準備し、獲得し始める時期（1歳半ごろ）の段階の子ども達にもお話の世界を味わうことができた。また、実物を使ったことで、〈おもい・かるい〉〈おおい・すくない〉といった質感や量感を実感することができた。

(2) 個別指導

「三びきのこぶた」の話に関連した個別課題に取り組んだ。

【話し言葉を準備し、獲得し始める時期（1歳半ごろ）の段階の子ども達】

登場人物（三匹のぶたの絵カードとそれぞれのぶたが建てた家の絵カードを利用した5までのかずの学習やことばの学習を行った。

【話し言葉を豊かにし、書き言葉を準備する時期（3、4歳ごろ）の段階の子ども達】

お話に出てくることばのなぞり書きや平仮名のマッチングを中心に学習を行った。

【話し言葉を充実し、書き言葉を獲得する時期の段階の子ども達】

「三びきのこぶた」の全文を音読する練習を行った。2名の児童と指導者でリレー読みをしたり、役割読みをしたりしながら、簡単な読解指導も行った。

1時間の学習（一斉学習と個別学習）の課題が、遊離したものでは児童の意識は途切れてしまう。そこで、個別学習の最初の課題は、一斉学習で取り上げたお話の内容を児童の発達段階に応じて提示し、取り組ませることで学習意欲や学習内容の定着を図ることができた。

〈わらのおうち〉

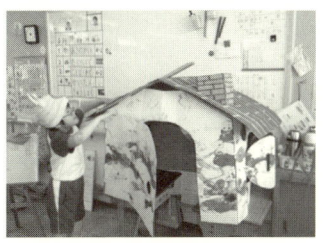

〈木のおうち〉

〈レンガのおうち〉

〈おおかみからにげる〉

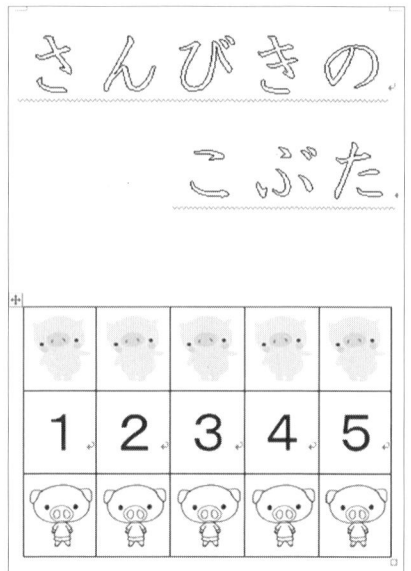

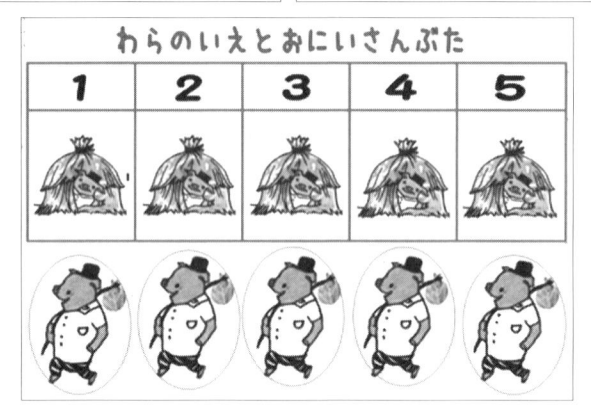

第Ⅱ部　特別支援学校におけることばの授業づくり

|事例6|〈同一教材異目的追求を取り入れた授業の工夫②〉
【「ちいさいおおきい」（香山美子作）の学習から】
(1)　指導計画（全7時間）
　　　第一次　詩全体の音読（1時間）
　　　第二次　各連の表現を楽しむ（6時間）

第1章　小学部①　こどもが「わかる」を大切にした授業づくり

(2) 学習活動の流れ
　　第一次　①詩全体を音読する。(動作化)
　　第二次　①各連ごとに音読練習をする
　　　　　　②各連最後の枠に入れたいことばを考える。
　　　　　　③自分で考えた表現を発表し合う。
　　　　　　④各連ごとに発達段階に合わせた内容で視写をする。
　　　　　　⑤本時の学習を振り返る。

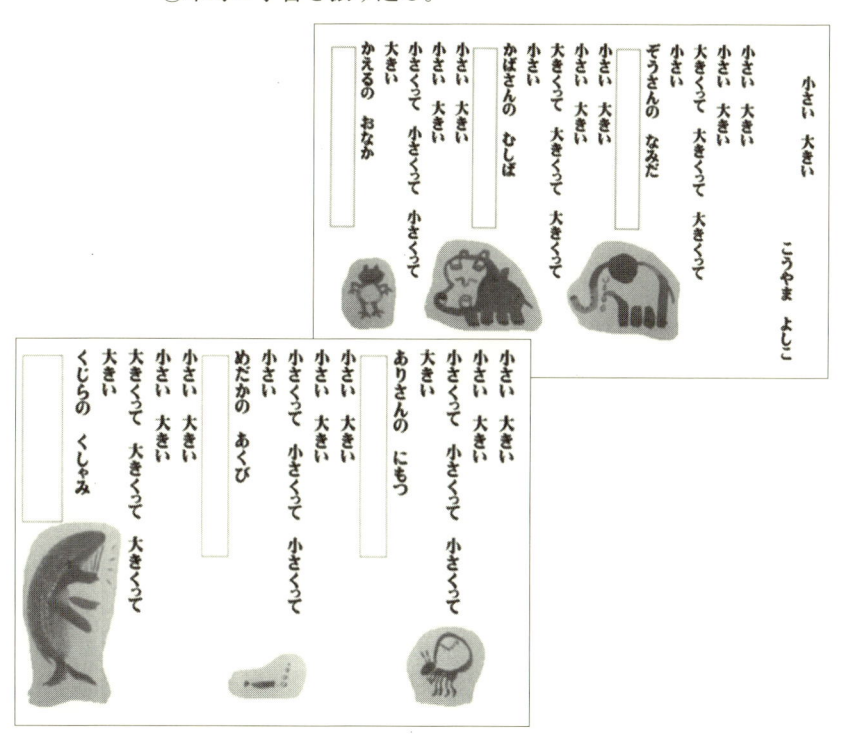

```
小さい　大きい　　　　　　こうやま　よしこ

ぞうさんの　なみだ
小さい　大きい
小さい　大きい
大きくって　大きくって　小さくって

かばさんの　むしば
小さい　大きい
小さい　大きい
大きくって　大きくって　小さくって

かえるの　おなか
小さい　大きい
小さい　大きい
小さくって　大きくって

ありさんの　にもつ
小さい　大きい
小さい　大きい
大きくって　大きくって　小さくって

めだかの　あくび
小さい　大きい
小さい　大きい
大きくって　大きくって　小さくって

くじらの　くしゃみ
小さい　大きい
小さい　大きい
大きくって　大きくって　小さくって
```

(3) 個の実態に配慮した支援
　学習の流れ④は、個別の学習形態である。しかし、学習の流れ①～③までの学習場面で友達と詩を音読したり動作化したりしながらその内容を十分に共有しているので、友達とつながりながら個別の課題に取り組むことができる。

33

(ア) 視写用ワークシートの工夫

〈黒板を見ながら正確に視写する課題〉　〈始点、終点を手がかり一人で視写する課題〉

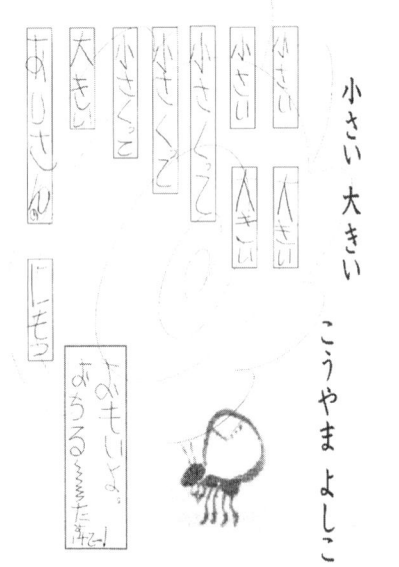

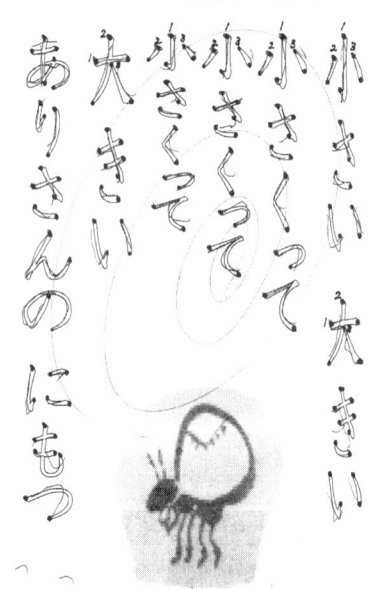

(イ) 障害特性に応じた支援
　(a) 視覚的支援を工夫した音読指導
　　　板書用の文字カードの大きさを工夫することで声の強弱や小さい大きいの意味を理解しやすくした。自閉症の児童は、黒板に提示されたカードの文字の大きさを手がかりにして、音読のときの声の大きさを自分で調整することができるようになった。

　(b) 動作化を取り入れた表現活動
　　　音読したり自分の考えた表現を発表したりするときに動作化を付加することで、発音・発声の不明瞭な児童も得意な身体表現で自分の思いを積極的に伝えようとする意欲が引き出せた。また、静的な活動だけにとどまらず身体を使った動的な活動を取り入れることで、活動に変化を持

第1章 小学部① こどもが「わかる」を大切にした授業づくり

〈始点や筆順の手がかりと
指導者の支援で視写する課題〉

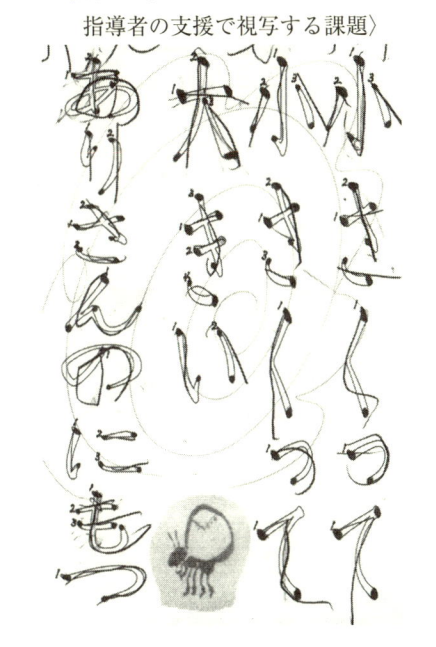

たせることができ、集中して学習に取り組むことができた。

(c) 具体物を利用した内容理解の工夫

第四連の学習では、大きい荷物と小さい荷物を準備し、ありさんのお面をつけた子どもが実際に荷物を選ぶ場面を設定した。文字言語の理解が不十分な児童も、具体物を提示したことで場面をイメージしやすくなり正しい荷物の選択ができたり、ありさんのお面をつけて大きな荷物を実際に担がせてみると、ありさんになりきって動作化することができた。また、その動作化を通して、ありさんのつぶやきまで自分の言葉で表現することができた。その発言が、他の児童にも影響を与え、それぞれ独自の発想を生み出すことに繋がった。

(ウ) 授業での子どもの育ち

　この実践を通して、子どもたちの育ち（自分から一歩を踏み出す関わり）を実感できる事実にたくさん出会うことができた。これまでは、黒板に書くのは学習に関係ない迷路であったり自分のお気に入りの絵ばかり書いていた児童が、自分の感じた面白さを指導者と共有しようと求めてきたり、大嫌いな給食メニューを前に、「嫌いやけどがんばるよ！」とつぶやき食べ切る等、苦手なことを乗り越えようとする態度が見られるようになったりした。学習の中で自分の意見が友だちのお手本になったりすることで、満足感や自己肯定感を感じることができた児童は、よりよい自分をイメージして、自分から行動調整をしようと努力することができるようになってきた。発音の不明瞭

な児童が、自分の思いをジェスチャーを加えながら一生懸命伝えようとする態度が見られるようになってきた。あいさつをするときの声のボリュームも一段と大きくなり、学校生活全般においても落ち着きと自信が感じられるようになってきた。

　子ども達のこのような生活の変化は、ことばの指導において学習集団を保障し、友達とともに学習をする意識を基にしながら個々の学習課題に取り組んできた一つの成果だと思う。

8．支援機器を利用したどの子も授業参加が可能になる指導の実際

　事例7　【「ゆうびんやぎさん」（杉本美沙希　文　とりごえまり　絵　くもん出版）の学習から】

言葉の発音発声が不十分な児童も一斉学習における劇遊びに参加し、友達と一緒にやりとりをすることができるようにするために、支援機器（VOCA）を利用している。例えば第一場面では、「ゆうびんです」や「ごくろうさま」という言葉を吹き込んだVOCAをタイミングよく押すことで友達とのやりとりができるようにしたり、「はい！」という場面では手を挙げて意思表示するようにしたりすることで、話し言葉の準備段階にある重度な児童も、「ゆうびんやぎさん」のお話の世界を楽しむことができた。

9．おわりに（豊かな言葉の獲得と生活の充実をめざして）

　特別支援学校の小学部におけることばの指導について、私の拙い実践を述べてきたが、言語の発達に遅れをもつ子ども達への指導においては、第一に、学ぶ主体である子ども達の生活実態に即した内容、つまり、文脈性のある教材であること。第二に、子ども達が獲得した言葉を用いて他者とのコミュニケーションを充実させるための学習集団が保障されなければならないこと。第三には、学習する場が単なる「教え」の場として機能するだけでなく、言葉の学習が文化を共有し「学ぶ」場として機能するようなものでなければならないと考えている。これからも、この三つの視点を大切にした言葉の指導を通して子ども達の生活が充実したものになるように、豊かな言葉の獲得を目指した授業を創造し、子ども達一人ひとりが、自信を持って意欲的に活動できるように努力していきたい。

引用参考文献
関根栄一作「かいだん」小池タミ子・上條春夫編（1998）『続・小学校朗読・群読テキストBEST 50』民衆社
小川英彦他編著（2007）『特別支援教育キャリアアップシリーズ②　特別支援教育の授業を組み立てよう－授業づくりを「豊かに」構想できる教師になる』黎明書房
湯浅恭正・新井英靖・吉田茂孝編著（2013）『特別支援教育のための子ども理解と授業づくり－豊かな授業を創造するための50の視点』ミネルヴァ書房
渡邉健治・湯浅恭正・清水貞夫編著（2012）『キーワードブック　特別支援教育

第Ⅱ部　特別支援学校におけることばの授業づくり

　　の授業づくり　授業創造の基礎知識』クリエイツかもがわ
『自閉症教育の実践研究』　2011年2月号　明治図書

（髙井　和美）

第2章
小学部② 重複障害のある子どもの
ことばの指導

1．はじめに

　特別支援学校の授業づくりにおいて、児童生徒は身体面や認知面、行動面などの障害特性など多様な実態があり、授業における教師の抱く課題や悩みが多岐にわたる現状がある。また、重複学級を担当した教師の悩みや課題等の多くは、重度・重複障害のある子どもの学習を考える時に、何を教えたらよいか、どのような授業をしたらよいか、この目標設定でよいのかなどが考えられる。特に、初任教員や若手教員、肢体不自由教育の経験が浅い教員などは、各教科や自立活動の指導などの授業を考える時に経験するのではないだろうか。

　そこで、重複障害のある子どもの「学びの学習状況」を把握し、適切な目標設定をするために、指導の方向性が見える、指導の説明できるためのツールとして「学習到達度チェックリスト」を活用した教育実践を紹介する。

　特別支援学校におけるコミュニケーションの指導は、学校における教育活動全体を通して、一人一人のコミュニケーションの教育的ニーズに対応して、各教科等の「国語」や「日常生活の指導」「生活単元学習」「自立活動」の教育課程で行われている。特に、障害による学習上又は生活上の困難を改善・克服を目的とした指導領域である「自立活動」において、障害の重い子どものコミュニケーションの指導では、学習指導要領（特別支援学校編）にある自立活動の内容に示されている「コミュニケーション」を基盤に、コミュニケーションの基礎的能力や言語の受容や表出、コミュニケーション手段や活用などについて取り組んでいる。特別支援学校において、肢体不自由に加えて知的障害を伴う場合には、子どもの発達の程度等を適切に把握し、どのよ

うな教育活動が可能になるか実態を把握する必要がある。

　コミュニケーションとは、人（情報の送り手）の心のなかに生じた考えや気持ち等（情報）を、相手（情報の受け手）に様々な手段（媒体）を用いて送り出す相互伝達の過程をいう。情報伝達の手段には、言語性と非言語性のものがある。

　本章では、特別支援学校の自立活動における「コミュニケーション」の授業づくりについて教育実践を紹介したい。

２．特別支援学校における学習指導の基本的な考え方

　特別支援学校学習指導要領（視覚障害、聴覚障害、肢体不自由、病弱のある児童生徒に対する教育）には、各教科の目標、各学年の目標及び内容並びに指導計画の作成と内容の取り扱いについて、小学校等の学習指導要領に準ずるものと示されている。また、児童生徒の障害の状態や特性、発達の段階等を十分に考慮することも必要となっている。しかし、小学校等の教科書を使用して学習することに困難がある特別支援学校の知的障害のある児童生徒に対しては、特別支援学校の各教科の目標及び内容が示されている特別支援学校学習指導要領（知的障害）を使用することになる。そこには、各教科の目標と指導内容は学年別ではなく、子どもの発達段階に応じて指導内容が、小学部３段階、中学部２段階、高等部２段階に分けて示されている。例えば、小学部「国語」の目標と指導内容を示している（表１）。

　しかし、国語の観点にある「聞く・話す」「読む」「書く」などに分けて示されてはいなく、また、具体的な指導内容や段階も示されていないため、各学校や教員等が子どもの実態や学習状況、障害特性などから目標や具体的な指導内容、方法を設定する必要がある。そこに、特別支援学校における「国語」を指導する際の難しさがある。

表1 「特別支援学校学習指導要領解説総則編（小学部 「国語」）に基づき作成」

目標		日常生活に必要な国語を理解し、伝え合う力を養うとともに、それらを表現する能力と態度を育てる。
指導内容	1段階	(1) 教師の話を聞いたり、絵本などを読んでもらったりする。 (2) 教師などの話し掛けに応じ、表情、身振り、音声や簡単な言葉で表現する。 (3) 教師と一緒に絵本などを楽しむ。 (4) いろいろな筆記用具を使って書くことに親しむ。
	2段階	(1) 教師や友達などの話し言葉に慣れ、簡単な説明や話しが分かる。 (2) 見聞きしたことなどを簡単な言葉で話す。 (3) 文字などに関心をもち、読もうとする。 (4) 文字を書くことに興味をもつ。
	3段階	(1) 身近な人の話を聞いて、内容のあらましが分かる。 (2) 見聞きしたことなどのあらましや自分の気持ちなどを教師や友達と話す。 (3) 簡単な語句や短い文などを正しく読む。 (4) 簡単な語句や短い文を平仮名などで書く。

3．ことばの発達へつなげるためには

　子ども一人一人の障害の状態や特性に応じたきめ細かな指導を進めるためには、個別の指導計画が適切に作成、活用されることが重要になる。そのためには、子どもの教育的ニーズや実態を把握する必要がある。特別支援学校では、すでに個別の指導計画が作成され、保護者や本人の願い、各教科等の目標や指導内容など示されている。個別の指導計画を踏まえて、各教科等の目標を達成するために、具体的な授業づくりを行う。コミュニケーションに関する指導・支援のための実態把握については、①行動観察、②発達検査、③これまでの取り組みの経緯、④保護者等からの情報、などを通じて必要な情報を収集する。

　本教育実践では、個別の指導計画を基に、学習到達度チェックリスト（徳永、2012、pp.34-39）を活用して実態把握から目標設定、指導内容等を検討して

取り組んだ。

(1) 学習到達度チェックリストでの実態把握

(ア) 学習到達度チェックリストについて

　学習到達度チェックリスト（表2）は、学校教育として子どもの「生きる力」をバランス良く把握する意味で、国語等の教科の視点や、障害が重度な子どもとの授業においても妥当な目標設定を可能にするための課題解決するツールである。国語と算数を教科の観点を軸に、乳幼児の発達を踏まえて、生後一ヶ月以降の行動を手がかりとして、子どもの学びや発達を段階的に把握していく尺度である教科のスケールを開発したものである。この学習到達度チェックリストを活用して、実態把握から具体的な目標設定までのプロセスを踏まえ、必要な項目を検討して作業シートに記入しながら授業づくりを行う。

　Aさんの個別の指導計画からの実態では、コミュニケーション面は、慣れている友達や教師に対して、「○○しよう」「なにをしているの」などと自分から話しかけたり、質問に答えたりする様子が見られる。しかし、慣れていない人に対しては、声が大きくなったり、口ごもったりする。また、連絡帳に書いてある文章を指さして、「なんて書いてあるの」と教師に質問をしたりする様子も見られる。ひらがなの読みについては、清音は、ほぼ五十音を読むことができるが、濁点や半濁点は難しい面がある。心理的に安定していると、落ち着いた声で挨拶をしたり、質問に答えたりすることもできる。

　学習到達度チェックリストでのAさんの実態把握の結果は、『国語』の観点では、「出来事などの簡単な質問に答える。」「短い挨拶や会話をする（聞く）。」「写真や絵などを見て、その名前をいう（読む）。」「大人と一緒に形や文字をなぞる（書く）。」などの段階であった。根拠となる行動を示した（表3）。

第2章　小学部②　重複障害のある子どものことばの指導

表2　学習到達度チェックリスト

学習到達度チェックリスト　2012.9.27バージョン（抜粋）　　　開発者：徳永豊（福岡大学）

氏　名：			学　年：		
生年月日：	年　月　日　生		（男・女）		
実態把握月日	1) 年　月　日（　歳　ヶ月） 評価者氏名（　　　　）				
	2) 年　月　日（　歳　ヶ月） 評価者氏名（　　　　）				

スコア	段階、意義	聞くこと	話すこと	読むこと	書くこと
24	食事、着替えの部分的身辺自立、語彙の増加と表現、自己主張と拒否の明確化、ごっこ遊び、他児への興味	□出来事などの簡単な質問に答える □2語文の要求や指示に従う □「ワンワンはどこ？」に指しなどで答える	□2語文で要求する □10以上の単語を使い、話す □思いどうりにいかないと泣く	□2つのシンボルから選択する □3つの絵の中から指示されて、ボールなどを指さす	□自分の名前やマークがわかる □大人と一緒に形や文字をなぞる □形や直線パターンをなぞる
18	共同注意の形成、他者意図の理解、自発的働きかけの拡大、見たて活動の芽生え、自己主張・拒否の芽生え	□聞いて、5個ぐらいの言葉がわかる □「ズボン上げて」「服脱いで」の指示で行動する □これからお話しがあるから、というと聞く姿勢になる	□自分の要求を伝えるために「あけて」など5語ぐらい使える □要求のための写真カードの使い方を理解する □状況にあった「いや」を表現する □自分でするとと要求する	□絵本を見て、大人と一緒にページをめくる □欲しい物があると要求するように大人の顔をみる □他の子どものしぐさを見て真似をする	
12	コミュニケーションの広がり、相互の関わりの拡大、ジェスチャーで選択、体系的な問題解決/物を介した初期の三項関係	□簡単なことばを聞いて真似をする □自分の名前を呼ばれると、返事をする □言葉による簡単な要求に答える	□ほしい物があると「ちょうだい」と声を出す、又は指す □「マ」「パ」「パ」「ブ」などの発声や「ママ」「パパ」等のことばがある □「おしゃべり」らしいやりとりをする	□大人と一緒に絵本のページをめくって見る □大人が指さした方向を見る □大人の視線を追って同じ物を見る	□「ちょうだい」と言うと持っている物を渡す □左右斜め等になぐり描きをする* □親指と人差し指で物をつかむ"
8	コミュニケーションの始発、注意の引きつけ、共同行為の成立、活動と結果の理解/探索的操作、動作による働きかけ	□名前を呼ばれると振り返ってこちらを見る □「ちょうだい」の身ぶりで、物を差しだそうとする □初めての声や聞き慣れない音に不安を示す	□視線や声、からだを動かしたりして、相手の注意をひく □イヤと首を振りながら拒否する □手を伸ばして、「アー」と声を出して要求する	□大人が積んでいる積み木を見る □落としたおもちゃ等を見る □絵本の中の動物等を指すとそれを見る	□おもちゃ等をぶつける □嫌なことをされたときに大人の手をはらう □「どうぞ」と物をあげると受け取る
6	やり取りの予測、パターン化、学習による行動変化、支援されながらの共同行為の成立/物のやや複雑な操作、状況に合わせた自体の操作	□1、2の3で、3の前に期待する表情をする □「いけません」で、動きがとまるか、表情が変わる □簡単な音であれば真似する	□すでに知っていることに期待して要求する □大人の真似をして、アーウーと声を出す □顔の表情を真似する	□おもちゃを口に持っていきながら見る □180度、見ているものを追う □おもちゃの車や転がるボールを目で追う	□ほしい物に手を伸ばす □握らせるとガラガラ等を振る □顔にかけられたタオルを取る
4	一貫した反応、注意の持続、他者への関心の芽生え/物の単純、自体の操作	□声かけやあやされると笑う □特定の声に良く反応する □近くで怒る声が聞こえると泣き出す	□名前を呼ぶと、「あ」と返事らしい声を出す □アー、オー、ウーなど声を出す □親しい人やおもちゃなどに向かって、声を出す又は手を伸ばす	□親しい人に微笑むなど持続的に注意を集中して見る □母親や身近な人を見て、手を伸ばす □自分の手を見つめる	□手に触れた物をつかむ □さわられると緊張するが、予告をすると緊張しない □親しい人へ手を伸ばす
2	外界の気づき、外界や活動への興味と注意の焦点化/見ること等による外界の探索、自発運動	□音がすると動きを止める □音のする方に顔の方向を変える □声を聞いているような表情をする	□声を出して笑う □手をわずかに動かす □むずがるような泣き方をする	□人の顔をじっと見る □物を見る □おもちゃを差し出すとそれを見る	□腕や手足を動かす □手が口に動く □からだをそらす
1	外界の刺激や活動への遭遇、反射的反応	□大きな音にびっくりする □静かな中で音がすると表情を変える	□声を出して泣く □突然の音や光に、緊張して身構える	□外に出るとまぶしそうに目を閉じる □物や明るさの変化に驚く	□動かされることに驚く* □急に抱きかかえられると、緊張が強くなる
スコア	段階、意義	受け止め、対応	表現、要求	見ること	操作

＊重複項目あり　　国　語

表3 学習到達度スコアの根拠となる行動シート

教科	観点	スコアの根拠となる行動	スコア
国語	聞く	「Aさん、ボールをとって」等の指示に応じることができる。	36
	話す	「これ、なあに？」の質問や「Bくんはお休みなの」等と質問に答える。	24
	読む	友達や先生、動物、日用品などを見て、名称を言う。ひらがなを一文字ずつ読める。	36
	書く	縦線や横線を描くことが出来る。「○を描いて」というと、ぎこちないが円を描くことができる。	24
算数	数と計算	一つずつ友達に牛乳を配ることができる。1と2の違いがわかる。	24
	量と測定	2つの大小や多少の違いがわかる。	
	図形	円や三角、四角などの形はめパズルができる。	
生活遊び	生活・遊び	スプーンを使って、お皿から食べることができる。褒められると、嬉しくてもっとやろうとする。	18
体育	運動・動作	SRCウォーカーに乗って、歩くことができる。床から腰掛け台へ座ることができる。ぐるぐると丸を描くことができる。	18

(イ) 実態把握からの指導仮説

　Aさんは、慣れている教師や友達と話をしたり、文字に興味・関心をもったりしている。また、教師からの言語指示や働きかけで、意味を理解して行動に移行することができる。学習到達度チェックリストの「話す」「読む」の実態からも、教師とのやりとりを通して、現在や過去等の出来事や自分の経験したことを簡単な語句や写真・絵と照応させながら、理解を深めたり、話すことを整理したりすることで、自分の気持ちや見聞きしたことを表現できると考えた。また、「書く」の実態から、縦線や横線、名前のなぞり書きなど、書くことに興味・関心をもって取り組むことで、ひらがな文字を書くことの意欲が高まると考えた。

　以上のことを踏まえて、個別の指導計画や学習到達度チェックリストから、具体的な指導目標や内容等を表4に示した。

表4　指導内容・方法シート

教科	観点	具体的な目標	指導内容・方法	手立て
国語	聞く	「だれが」「なにを」「どうした」などの質問や簡単な要求、指示に応じることができる。	【自立活動：個別学習】 ・簡単な質問に答える。 ・写真や絵カード等を見て、登場人物や出来事等を話す（2語から3語文程度）。	経験・体験した場面や印象的な写真を提示する。「だれと」「何をした」などの簡単な質問から始める。言葉に詰まった時は、補足したり、質問を変えたりする。
	話す	現在や過去等の出来事や経験したことを話すことができる。		
	読む	写真・絵カードと簡単なひらがなを結びつけることができる。 絵を見て50音表からひらがなを選び、並べることができる。	【自立活動：個別学習】 ・ひらがなカードを選ぶ。 ・友達や動物など身近な写真・絵カードとひらがなのマッチングをする。 ・ひらがなカードを読む。	2文字から4文字程度の写真・絵カードを見て、答えるようにする。難しい場合には、「あ」等のように音と指差しをしてヒントを出す。
	書く	形や直線、曲線などのパターンをなぞることができる。 名前のなぞり書きができる。	【自立活動：個別学習】 ・指でなぞる。 ・マジックペンを使って、直線や曲線等をなぞる。 ・名前をなぞる。	指先で2回なぞるようにする。また、動きに対して言葉を添えるようにする。難しい場合には、手を添えて一緒に書くようにする。
算数	数と計算	3つまでの具体物等に合わせて、数字カードをマッチングする。	【自立活動：個別学習】 ・数詞に合わせて、数字カードを探す。 ・具体物等を使って、大小長短を理解する。 ・立体形はめや積み木など、見本に合わせて操作をする。	見本を提示してから始めるようにする。2つの比較から始めるようにする。課題提示をする役割を交代して取り組むようにする。難しい場合には、一緒に操作をする。
	量と測定	3つの中から物の大きさや長さなどがわかる。		
	図形	立体を使った形はめや積み木重ねができる。		
生活遊び	生活・遊び	お皿等を持って、スプーンやフォークを使って食べる。	【日常生活の指導】 ・両手を使って、物を操作する。	スプーン等の握り方を援助する。気付かない場合は、見本や言葉かけをする。
体育	運動・動作	床から腰掛け台に姿勢変換する。 SRC-Wや車いす等で移動する。	【自立活動：個別学習】 ・四つ這い姿勢保持移動 ・つかまりでの膝立ち ・目的的な移動をする。	膝・股関節まわりを動かしながら弛めるようにする。必要に応じて、腰や膝まわりを援助する。

(2) ことばの指導へ～ Aさんの事例から～

① 個別学習におけるこれまでの取り組み

　昨年度までの個別学習では、友達や自分の写真カードを見て答えてから、一文字ずつ書いたシールを一対一対応で貼る学習や、いくつかの絵・文字カードから質問されたカードを取る学習などを進めてきた。文字学習を楽しみながら取り組む様子が見られ、ひらがなを着実に覚えてきた。

　今年度の取り組みでは、「ひらがなパズル」では、友達や先生、果物、動物、身近な物の絵や写真カードを見て、ひらがなの五十音表から文字を並べる学習に取り組んだ。また、「ドリル学習」では、始点と終点をよく見て、縦線や横線を「書く」ことに取り組んだ（写真1）。また、自分の名前のひらがなもわかり、文字を書くことに興味があったため、「名前のなぞり書き」にも取り組んだ。個別学習「ことばの指導」では、線引きやなぞり書きや文字指導や五十音表を活用しての「ことば探し」（写真2）など、とても意欲的な様子が見られた。学習活動を通した教師とのやりとりでは、会話も楽しみながら「うん、わかった」「どうやるの？」「これは簡単でしょ」など、自分から話しかける様子も多くなってきた。

　さらに、個別学習の時間に取り組んでいた学習内容を、夏休みの宿題として家庭にも協力していただき、「ひらがなパズル」や「なぞり書き」「ドリル学習」など取り組んだ。その際、学習の手順表や「がんばりシール貼り」などファイルにした。この夏休み期間での家庭学習の取り組みによって、学習の習慣化や継続して学び続けること、保護者に褒められることなど、文字学習への意欲づけや学習成果の向上にもなったと考えられる。

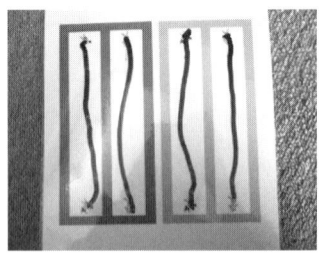

写真1　なぞり書き

写真2　50音表の活用

② 二学期からの取り組み

　二学期の一学期の「ひらがな」「なぞり書き」の指導を継続しつつ、「聞く・話す」として、体験した出来事や様子を話すことや、教師の話を聞いて、写真・絵カードを見て、順番に並べる単語カードを使用した文章を作る学習に取り組んだ。また、写真・絵カードを見たり、教師の話を覚えて話をしたりすることなどにも取り組んだ。

【題材目標】
・自分の名前のひらがなを枠内になぞり書きすることができる。（書く）
・過去に経験をした出来事や様子について、写真を見ながら話をすることができる。（話す）
・教師が話をした内容をよく聞いて覚え、話に関する写真・絵カードを正しい順序に並べることができる。（聞く、読む）

【指導計画】
○写真の名前のひらがなを貼ろう（友達、先生など）
○ドリル（縦線や横線、曲線などを書く）をしよう
○名前のなぞり書きをしよう（200ポイント：黒字・白地抜き文字
　　→　200ポイント：白地、黒枠文字）
○写真を見ながら、お話をしよう
○お話を聞いて写真・絵カードを並べよう

【本時の目標】
○正しい書き順で、なぞり書きをすることができる。
○写真を見て、「だれと」「どこで」「何をした」などの話をすることができる。
○教師の話を聞いて、話に関する七枚の写真・絵カードの中から選び、正しい順序に並べることができる。

【授業展開の配慮】
　指導展開では、始めに、Ａさんが興味・関心が高い「なぞり書き」「名前のなぞり書き」を行い、本人の意欲づけや達成感が味わえるように考えた。また、Ａさんの特性からも見やすい大きさ（300ポイントから200ポイント）や

背景(黒地・白抜き文字から白地・黒枠文字)、操作(太い水性ペン)が可能などを考慮して、文字のポイント数や文字背景など段階的な手立てを行った。

次に、「話す」では、Aさんが学習活動として取り組んだ印象的な出来事等を踏まえ、一枚の写真から振り返り「だれと」「どこで」「何をした」などパターン化した話をする学習設定をした。Aさんが一枚の写真から思い出して発した「ことば」を大切に、会話を重ねながら質問をした。「ことば」に詰まったり、表現が難しかったりした場合には、わかりやすい質問や状況を思い出せるような言葉かけをした。さらに、Aさんの会話を、その場で文字化しながら、「書く」ことへの興味・関心を高めたり、書いた文字を提示して一文字ずつ読むようにしたりした。

「聞く」学習では、先行提示として「だれと」「どこで」「何をした」などを伝え、傾聴するようにした。また、話はゆっくりと、はっきりとAさんの様子を見ながら2回繰り返すようにした。写真・絵カードは、Aさんの視線や表情、動きなどを確認しながら一枚ずつ提示するようにした。話の内容は、友達や先生、過去に経験したことや場所などの設定とし、三枚から四枚、五枚など、登場する人や具体的な場面内容など、段階的に膨らませるようにした(写真3)。

学習活動全体を通して、Aさんの意欲や興味・関心を維持できるように、Aさんの表出言語を引き出し、肯定的なフィードバックをしたり、頭の中で考え整理ができるように言葉を選んだり、会話が長く続くようによりターンをしたりして調整をした。さらに、より学習する意欲や向上心がもてるように、できたことやいいところを褒めたり、注意する点は具体的かつ端的に伝えたりするようにした。

写真3　写真・絵カード並べ

第2章 小学部② 重複障害のある子どものことばの指導

授業展開

時配	学習活動	指導上の留意点	教材・教具等
	1. 始めのあいさつをする。	・学習に向かう意欲づけになるように、号令をかけるように言葉をかける。	ひらがなカード
	2. 学習内容の確認をする。 ① なぞり書きしよう ② お話をしよう ③ お話を聞こう	・これから行う学習内容と順番がわかるように、実際に使う教材を提示しながら説明をする。 ・確認ができたら、教材はAさんの左から順番に置くようにして、自分で活動準備ができるようにする。	写真・絵カード
	3. 名前のなぞり書きをしよう。【書く】 (200P：白地・黒枠文字×2) ・指でなぞり書きをする。 ・ペンでなぞり書きをする。 ・書いた文字を確認する。	・Aさんにひらがなカードを1枚ずつ提示し、なぞり書きをする文字を読み、確認できるようにする。 ・書き順を確認できるように、指でなぞるようにする。 ・ペンの持ち方を一緒に確認する。 ・書いた文字を確認し、良い点は大いに称賛し、注意すべき点も伝える。	ひらがなカード ペン
	4. お話をしよう。【話す、読む】 ・1枚の思い出の写真を見て、話を伝える。（だれと、どこで、何をした等） ・教師が書き取った文章を読む。 ・経験した出来事の文章を読み、再度確認をする。	・写真を提示して「何かお話をして」等の言葉かけをして、Aさんからの発言を待つようにする。 ・「誰と」「どこで」「何をした」等の質問をして、Aさんの発言に対して質問を重ねて話の内容が深められるようにする。 ・Aさんの発言を文章化し、書いた文字を読んで確認できるようにする。	写真 画用紙 黒ペン 赤ペン
	5. お話を聞こう。【聞く】 ・教師の話を聞いて、理解をする。 ・話に関する写真・絵カードを選び、順番に並べる。 ・並べた写真・絵カードを見て、どのような話だったか確認する。	・話を理解できるように「いつ」「だれが」「何をした」等の話を、表情や間を見ながらゆっくり、はっきりと2回話をする。Aさんの復唱も確認する。 ・話に関する写真・絵カードを左側に提示して、並べるように伝える。 ・正しく並べられたら、称賛する。	写真・絵カード ホワイトボード
	6. 振り返りをしよう。 ・3つの学習内容の中で、1番がんばったことを伝える。	・学習した3つの教材を提示し、がんばったものを聞くようにする。また、その他の学習についてもがんばった点を称賛する。 ・号令をかけるように言葉かけをする。	ひらがなカード 写真 絵カード
	7. 終わりのあいさつをする。		

③ 指導経過
【なぞり書き】

なぞり書きでは、夏休みの宿題としても取り組んできた「名前のなぞり書き」を継続的に取り組んだ。縦線や横線まだ、手指のコントロールや文字の大きさは200ポイントで、文字の幅は7㎜とした。また、以前は、黒地・白抜き文字（写真4）でひらがなのなぞり書きをしていた。しかし、文字の枠を意識できるようになり、自分でも枠からはみ出して失敗すると気付くようになったため、白地・黒枠（写真5）と教材の改善をした。

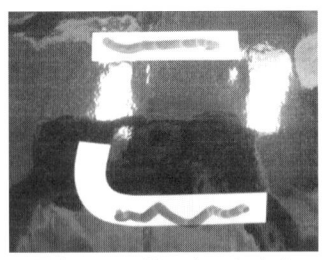

写真4　4月に書いた文字

ひらがな文字の選定は、「書きやすさ文字や字形が簡単なもの」が基本であるが、Aさんには身近でわかる文字で楽しくひらがな文字を書くことを優先し、自分の名前をなぞり

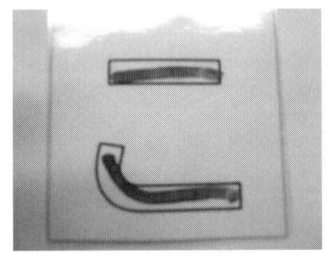

写真5　11月に書いた文字

書きすることにした。そこから、類似した文字や関連性のある文字、身近な文字など広げていくように考えた。

名前のなぞり書きでは、始めの頃は、肘や肩などにも力が入り、縦線や横線を引くにもスムーズに書くことが難しかった（写真4）。また、枠の中に書く意識はあるが、始点と終点を意識することや、文字全体を見ることも難しかったと考えられる。しかし、「書く」ことは興味もあり、意欲的に取り組む様子が見られ、少しずつペンを操作することも上手になってきた。理由としては、ひらがな文字を読んだ後、ゆっくりと指でなぞりながら、目で外形認識をするようになったと考えられる。また、文字の外形認識や枠への意識が高まり、少しずつ目と手の協応や手首や肘などの運動コントロールができるようになったからと考える（写真5）。また、ラミネートにしたひらがな文字によって、自分で書いたペンの跡が、はっきりとわかることにより、枠からはみ出たら自分で修正することの意識も出てきたからと考えられる。

第2章 小学部② 重複障害のある子どものことばの指導

特に、ひらがな文字の指導では、自己と自己を取り巻く環境における「方向性に関する知覚」や、指のなぞり書きやペンを使った自己操作を通した「注意の保持・持続する力」、視覚を通して手の動きをコントロールする「目と手の協応動作」など重要かつ必要であることを実感した。

なぞり書き初期段階にある子どもには、「注意の保持・持続する力」「方向性に関する知覚」「目と手の協応動作」の3つの力を高めることや、子どもの注意力や意欲を高めるかかわりの工夫等をすることで、ひらがな文字のなぞり書き等の力が向上するといえる。

【お話をしよう】

この学習活動は、Aさんが学校行事や校外学習実際に体験したことや経験した場面などの一枚の写真を使って、話をする活動を設定した。学習内容は、「だれと」「どこで」「何をした」を基本として、Aさんが写真を見たり、教師の発話をヒントにしたりして、回想しながら出来事を相手に伝えることの楽しさを重点に取り組んだ。

一学期の様子は、和やかな雰囲気づくりやAさんの発言を大切にし、Aさんが話しやすい環境を作るように配慮した。今回は、校外学習「買い物学習」での一枚の写真を提示した時の教師とAさんとの会話場面の様子を明記した（表5）。教師が「どこにいったの？」の質問に対して、しっかりと「いおん」と名称で答えていた。また、「だれと行ったの？」の質問は、「○○○くんと△△△くんと

表5 買い物学習の写真を見て会話

○買い物学習の写真を見ての会話 （7月8日）
T：どこに行ったの？
A：いおん（に いった。）
T：誰と行ったの？
A：○○○くん と ◇◇◇◇くん と △△△くん（と いった。）
T：何を買ったの？
A：ほし の おりがみ（を かった。）
T：折り紙を買う時、レジで何をしたの？
A：おかね を わたした。
　　　　　　　〜
T：買い物はどうだった？
A：たのしかった。
T：また行きたい？
A：うん。

51

......」と同じクラスの友達や先生の名前をしっかりと答えていた。さらに、「ほし　の　おりがみ」など3語文を使って会話ができるようになった。特に、助詞を使うようになってきた。しかし、感想を聞くと、「たのしかった」「きれいだった」等と、どの感想に対する質問でも同じように答えていた。

　感情表現の語彙は、いままでの経験の少なさや応答的がパターン化している面もあったと思われた。こうした自分の気持ちや感情表現の言葉は、「ことば」としては知っていたり、聞いていたりするが、会話で使うためには経験したことだけでなく、Aさんが考えていることや表情から読み取って、たくさんのことばを使うようにすることが重要だと再確認した。

　二学期も「お話をしよう」は継続して指導を行った。11月の個別学習での場面では、文化祭での活動写真を使って学習に取り組んだ（表6）。「これは何の写真？」と問いかけると、「とんねる　に　はいった　しゃしん　でしょ」とスムーズで、助詞も使った五語文での返答であった。また、Aさんは、「しかも、……びっくりしちゃうの」と接続詞や自分の気持ちを表現する会話を自発発話で続けていた。こうした実体験をした写真での「お話」を通して、三語文から五語文くらいを使って出

表6　乗り物あそびの写真での会話

○乗り物あそび【トンネル】での会話（11月）
T：これは何の写真？
A：とんねる　に　はいった　しゃしん　でしょ。
T：どこでやったの？
A：おんがくしつ（で　やりました。）
T：誰とやったの？
A：いわい　せんせい　と（やりました。）
T：他には誰がいましたか？
A：ぷーさん　と　みっきー（が　いました。）
A：しかも、（○○○　は）とんねる　に　はいる　と　わぁー　って　びっくりしちゃうの。
T：トンネルの中ってどうなるっているの？
A：ひかって　いるの。
T：何が光っているの？
A：ひかり　（が　ひかっているの。）
T：何色にひかっているの？
A：あか　と　あお　と　きいろ（に　ひかっているの。）

来事や簡単な語句で伝えることができるようになってきた。

　教師と会話がスムーズできるようになってきた背景には、教師がAさんのことばに対して共感したり、少しことばを膨らませ付け加えたり、考える間を作ったりするなど、Aさんにとって話しやすく、わかりやすい環境を心がけてきたからだと考えられる。特に、実際と違った話をしていても「違う」「言い直し」などの否定や指示をしなかったことが、自発発話を促すコミュニケーションの指導として大切なかかわりであったといえる。

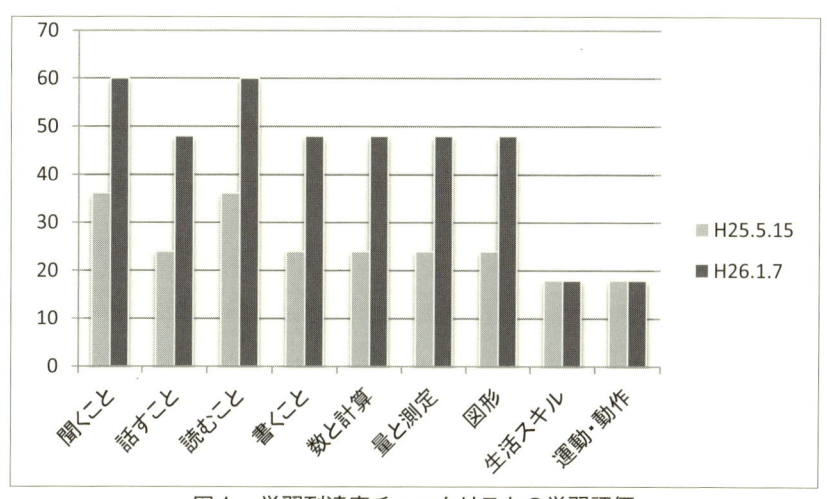

図1　学習到達度チェックリストの学習評価

　本実践を通して、学習到達度チェックリストでの学習評価を図1で示した。「話す」「読む」ことなど、児童の興味や関心がある学習内容を取り上げ、現在や過去等の出来事や自分の経験したことを写真・絵と照応させて教師との会話を楽しめたことが、理解を深めたり、話すことを整理したりすることができたと考えられる。また、「書く」も特性を踏まえて、見やすい文字のポイント数や文字背景、書く順序等を言語化するなど、「書く」手立てや教師の働きかけの工夫もあり、Aさんが意欲的に取り組んだ結果によると思われる。

4．おわりに

　この授業実践を通して、障害の軽重にかかわらず、特別支援学校学習指導要領や学習到達度チェックリストを活用した教科の視点から実態把握することによって、国語の観点である「聞くこと」「話すこと」「書くこと」「読むこと」を系統的・段階的に指導すること、学習のレディネスを高めることの重要性を確認することができた。つまり、障害の軽重にかかわらず、国語や算数・数学など各教科の視点をもって教育課程を検討し、授業づくりすることが重要である。

　子どものもっている可能性を含めた能力を最大限に引き出すには、子どもの潜在的な可能性を見極め、学習する時間を保障し、学習できる環境を整え、継続した学習としての経験知を高めることが必要である。

【付記】写真の掲載について、本人及び保護者の承諾を得ている。また、本章の授業実践資料をご提供していただいた千葉県立銚子特別支援学校の高橋沙織先生に記して感謝を申しあげる。

引用参考文献
徳永豊（2012）「学びの段階に合わせた目標設定で授業をデザインする」『実践障害児教育』470号

文部科学省（2009）特別支援学校　幼稚部教育要領　小学部・中学部学習指導要領　高等部学習指導要領

文部科学省（2009）特別支援学校学習指導要領解説総則等編（幼稚部・小学部・中学部）

（古山　　勝）

第3章
中学部・高等部
想像世界で自由に表現する力を育てる国語の授業

1. 中・高等部生徒の発達と生活年齢の狭間で悩む教師

　知的障害特別支援学校の中・高等部生に対する国語の授業は、これまでにもさまざまな実践が報告されてきた（高井2007；田口2008など）。しかし、実際の学校現場では、中・高校生になった知的障害児にどのような国語の授業を展開し、どのような力を身につけさせることが必要であるかという点については、十分に検討されているとは言い難いのが現状である。その理由として、中・高等部に在籍している生徒には、卒業後の進路を見据えた課題が多く、国語以外の教科や作業学習などの領域・教科を合わせた指導に力を入れている学校が多いということが考えられる。また、卒業後の進路を見据えた課題を解決しようとすると、就労先で使う言葉の習得や職場で求められるコミュニケーション力を身につけるために国語の授業が利用されることもあり、極論を言えば、特別支援学校の中・高等部生の国語の授業が職業準備のための指導時間となっている学校もあるのではないかと考える。

　一方、知的障害のある中・高校生に国語の授業をしっかりやってみたいと考えている教師であっても、生徒の知的発達の状況をふまえながら、中・高校生にふさわしい教材や授業展開を考えることが難しいといった悩みを抱えていることも多い。それは、中・高校生という生活年齢を考えると、ももたろうや三匹のこぶたといった幼児が楽しめる簡単なお話では内容が幼稚すぎて教材としてふさわしくないが、かといって知的発達の状況を考えると、一般の中・高校生が楽しんでいるお話では、内容が難しすぎて想像することができないといったジレンマに陥ってしまうからである。

　以上のように、知的障害特別支援学校の中・高等部で国語の授業を展開し

ようとすると、就労に向けた課題を解決しなければならないことに加え、生徒の発達と生活年齢のギャップの大きさから、思いきった教材開発や授業展開ができないでいるのが現状である。しかし、国語の授業では「ことばによる表現力」を育てることができると捉えれば、就労に向けたコミュニケーション力を育てる上でも核となるべき教科と位置付けることもできるのではないか。たとえ、発達の状況が幼児期に近い知的障害児であっても、青年期の課題を抱えている生徒であることは事実であり、国語の授業を通してそうした課題のいくつかを乗り越えていくことができるのだとしたら、それはやはり重要な授業であると考えられる。そこで本稿では、以下に3つの国語の授業例を示しながら、知的障害のある中・高校生がことばによる表現を楽しみ、人とやりとりする力を育てる国語の授業づくりについて検討したい。

2．大好きなアニメの制作現場にいる気持ちで話す
－アフレコに挑戦－

ここでは茨城県で長く知的障害特別支援学校の教員を続けている小畑由紀子先生の授業を紹介したい。小畑先生は、高等部2年生を受け持ったときに、オリジナルのアニメーションに合わせて、考えた台詞を自分たちの声で録音するという「アフレコ」を生徒に体験させる課題学習（国語）の授業を行った（当時の勤務校は「課題学習」という名称で国語・算数の内容を指導していた）。このとき小畑先生が受け持った生徒（高等部2年生3名）の特徴は、「学習に対して積極的に取り組む」ことができ、「友達どうしで励まし合ったり、注意し合ったりする姿」が見られる生徒たちであったが、一方で「緊張するような場面においては吃音が見られたり、早口になったりして、聞き取りづらい」ことがある生徒たちであった。

そのため、このグループを指導する場合には、「よりよく伝える」ことや、「よく聞く」という二つの目標に同時に迫る授業を意識して行ったという。今回紹介する『スタジオ　じぶり？　－アフレコに挑戦！－』という授業は、こうした生徒たちに対して、自分の話しことばや友達の言葉を聞いて、どのように話をすれば相手に伝わりやすいかを学ぶ授業であった（「　」内は、学習

指導案の題材設定の理由を抜粋したものである)。

　具体的には、教師がグループの生徒の様子をイラストにして表現し、パソコンソフトを用いてイラストに動きを加え、簡単なアニメーションに仕立てたものを題材にした。生徒たちは、「イラストやアニメーションから受けるイメージ」をまとめ、簡単な台本をみんなで作成し、マイクで台詞を吹き込んだ。このとき、パソコンソフトを用いて吹き込んだ音声とアニメーション画像を同期させることで、自分自身の声をテレビから聞くことができた。

　この授業は、『スタジオ　じぶり？』という題材名になっているが、この授業に参加する生徒の一人はジブリ映画の大ファンであった。また、別の生徒もアニメファンと呼べるほど、アニメが好きな生徒であったので、この授業にはとても興味を示した。アニメの声優に「あこがれている」というのは少し大げさな表現かもしれないが、大好きなアニメの中に自分たちの声を吹き込むといった「アフレコ」の授業は、このグループの子どもたちの言葉や表現を引き出すのに十分な教材であったといえる（この授業の学習指導案については、資料1を参照）。

　加えて、この授業は、自分たちで台詞を考え、自分たちで表現し、そして自分たちの作品を鑑賞するというように、生徒の主体性が前面に押し出された授業であった。具体的には、生徒たちには誰が、どこで、どんな台詞を言うかを話し合わせ、準備をさせた上で、何度かマイクを受け渡しして、台詞を話す練習をし、本番を行った。最初のうちはマイクを渡されると言葉に詰まったり、それを見て吹き出しそうになったり、実際に笑ってしまってNGになったりと、何度も取り直しをした。しかし、たとえ失敗作であったとしても、生徒たちは収録した自分たちの音声をアニメーションと同期させて聞くときには、ワクワクした気持ちになっていた。また、自分たちの声を試聴したときには、「やっぱりNGだ～」とか、「笑っちゃダメでしょう～」といった言葉が出てくるとともに、「言葉が早すぎて聞こえないよ」など、自分や他人の表現に対する批評も自然と言い合える雰囲気になっていた。

第Ⅱ部　特別支援学校におけることばの授業づくり

資料1　スタジオ　じぶり？－アフレコに挑戦！－

3　指導計画（12時間取扱い：1単位45分）
　　　第1次　絵に合わせて台詞を考えよう・・・・・・・・・・・・・・・・・・・・・・・2時間
　　　第2次　絵に合わせて台詞を言おう・・・・・・・・・・・・・・・・・・・・・・・・2時間
　　　第3次　場面に合った台詞を考えよう（アフレコの練習）・・・・・・・・・6時間（本時は第2時）
　　　第4次　私たちの作品を仕上げよう　　（アフレコの本番）・・・・・・・・・2時間
4　本時の指導
　(1)　個別目標
　　　○場面に合った台詞を考えて，動画に合わせてはっきりと台詞を言うことができる。　　　（K・T，S・J）
　　　○台本を手がかりに，声の大きさに注意しながら台詞を言うことができる。　　　　　　　　（H・Y）
　(2)　準備・資料
　　　台本，パソコン（i Movie：ビデオ編集アプリケーション），モニタ，マイク，映像（オリジナル作品：flash5映像）
　(3)　展　開

時間	学習内容・活動	支援上の留意点
（分） 5	1　本時の学習内容を知る。 　(1)あいさつをする。 　(2)本時の学習内容を知る。 　　台詞を考えて，アフレコしよう	・日直の号令で，きちんとした姿勢であいさつをすることで，学習の始まりを意識付ける。 ◎これから行う学習内容・活動について知ることで，活動の見通しをもつことができるようにする。 　　　　　　　　　　　　　　　　　　　　＜予測・予想＞
22	2　台本を作る。 　(1)前時の作品を鑑賞する。 　(2)課題画像を観る。 　(3)台詞を考える。 　(4)台本にまとめる。	・鑑賞のポイント（声の聞き取りやすさや絵に合っているか等）を告げ，本時の活動の目標につなげられるようにする。 ◎台詞作りのヒントにできるよう画像を観て生徒が発した言葉を板書しておく。　　　　　　＜予測・予想＞ ・観た場面を全員で整理することで，作品のイメージの統一を図る。 ・K・T，S・Jの発想を大切にしながら，必要に応じて台詞作りの助言をする。 ⇒場面に合った台詞を考えることができたか。 　　　　　　　　　　　　　　　　　　　　［キ挑戦傾向］ ◎H・Yには，板書をヒントにすることや，台詞を選択できるような支援を必要に応じて行う。 　　　　　　　　　　　　　　　　　　　　＜予測・予想＞ ⇒場面に合った台詞を選ぶことができたか。 　　　　　　　　　　　　　　　　　　　［ア自己決定感］
13	3　アフレコをする。 　(1)台詞の練習をする。 　(2)画像を観ながらアフレコをする。 　(3)アフレコした画像を観て，改善をする。 　(4)(2)～(3)を繰り返す。	・楽しい雰囲気の中で，活動できるように教師も参加していく。 ⇒楽しんでアフレコをすることができたか。 　　　　　　　　　　　　　　　　　　　［オ学ぶ楽しさ］ ◎H・Yには，改善された取り組みについては賞賛し，更に改善できるようにする。 　　　　　　　　　　　　　　＜5承認への魅力＞ ◎K・T，S・Jには自分から改善すべき点に気付けるよう，できるだけ言葉かけを少なくする。 　　　　　　　　　　　　　＜7自己実現への魅力＞ ・改善点がはっきりと見いだすことが難しい場合には，具体的な方法を提案する。 ⇒試行を重ねるごとに，台詞を言う早さや声の大きさについて改善することができたか。 　　　　　　　　　　　　　　　　　　　［キ挑戦傾向］
5	4　まとめをする。 　(1)作品を鑑賞する。 　(2)終わりのあいさつをする。	・自分の取り組みや友達の取り組みを評価し合うことで，達成度を確認する。 ⇒学習を振り返り，適切に評価ができたか。 　　　　　　　　　　　　　　　　　H・Y［イ探求心］ 　　　　　　　　　　　　　　K・T，S・J［ケ受　容］

◎：意欲面の支援　⇒：その評価方法

出典：茨城大学教育学部附属養護学校（2005）『「個別の教育支援計画」の充実を目指すために』．研究集録第26集．pp.60-61.

もちろん、授業で用いる録音機材やアニメーションの編集技術は、実際のアニメスタジオのようにはいかないが、教師が用意したアニメーション映像と、生徒たちが自分たちなりに表現し、録音した音声を同期し、テレビを通して聞くという活動は、あたかも自分が声優になっているかのようであった。すなわち、大好きなアニメに自分の声を吹き込むという「アフレコ」の授業は、生徒たちの生活の中で自然ともっていたあこがれや理想像のようなものを意識しながら、自分の言葉を吹き込み、友達の吹き替えを聞くことができる授業となっていた。こうした授業展開は、知的障害児や自閉症児に対して実践されている「話し方を学ぶソーシャルスキルトレーニング」とは少し異なる、国語を楽しみながら表現力を身につけさせることができる指導方法であったと考える。

3．感情移入できる教材づくりの重要性
－4コマ漫画にセリフを入れる－

　アフレコの授業を実践した小畑先生は、別の学年を受け持ったときに『みんなで台詞を考えよう－漫画の吹き出しに入る会話文－』という課題学習（国語）の授業を行った。このとき受け持った生徒（高等部3年生3名）は「学習には積極的に取り組み、お互いを意識して、励まし合ったり教え合ったりする姿が見られる」生徒たちであった。また、「休み時間には友達や教師を相手に家での出来事やテレビの話題等を自分から話す様子が見られ、会話には興味を持っている」生徒でもあり、ことばが発達していく素地は十分にあった。

　しかし、その一方で、この3名は共通して、「相手から質問されると言葉につまってしまったり、『忘れました』、『分かりません』といった言葉でやり取りを済ませたりする様子が見られる」といった課題をもっていた。そこで、「一方的な言葉の発信、あるいは言葉の受信のみではなく、言葉のキャッチボールのようなやり取りが交わせる」ようになってほしいという願いから、『みんなで台詞を考えよう』という授業を計画した（「　」内の生徒の実態は学習指導案を抜粋した：単元設定の理由については以下の資料2を参照）。

> **資料２**　国語の授業『みんなで台詞を考えよう』の単元設定の理由
>
> 　この授業では、４コマ漫画の吹き出しに台詞を入れるという活動を中心にして、生徒間、生徒・教師間の言葉のやり取りを広げていくことを目標とし、思い付いた台詞を書き表したり読んで発表したりしながら、お互いに意見を出し合えるようにした。漫画の登場人物には、グループの生徒をキャラクター化して登場させることで、より感情移入して台詞を考えられるようにしたい。考えた台詞をもとに、自分たちの声で録音したものを漫画の画像と共にパワーポイント上にて再生することで、自分や友達の声をより興味を持って聞き、発言するきっかけになるのではないかと考えた。また、教師のかかわり方や場の構成といった環境の工夫により「次はこうしよう」「ここを変えようよ」といった活発な意見を交わせるようにしたいと考え、本題材を設定した。
>
> 出典：茨城大学教育学部附属養護学校研究紀要（2009年）『研究収録第30集』. p70.

　この授業に参加した３名の生徒は、知的障害特別支援学校の生徒の中では比較的認識能力が高い子どもたちであったが、高等部入学前に失敗経験も多く、自由に表現するということはあまりうまくできない生徒たちであった。日常的には、慣れている人とのやりとりを除けば、人とやりとりをする際には不安が強くなる生徒たちであったので、この授業の主題である「やりとりをしながら、みんなでセリフを決める」といった課題はどちらかといえば苦手な生徒たちであった。また、自分が書いたものの正誤を非常に気にするあまり、なかなか書いたり、自分の答えを表現したりするのができなかった生徒もいた。

　一方で、漫画にセリフを入れるという活動にとても興味を持ち、何作でも書いてくる生徒もいた。書くことが苦手な生徒でも、「どんなセリフがいいかな……？」と楽しく会話をしている中で、とても良いセリフを「ぽっと」生み出すような生徒もいた。こうした生徒たちであったので、実際の授業で生徒たちはとても意欲的にこの課題に取り組み、生徒たちなりに話し合って４コマ漫画を完成させることができた（資料３参照）。こうした成果が見られたのは、教師の細やかな配慮があったことに加え、「感情移入できる題材

を用意し、表現させる」という授業設計がとても有効であったからだと考える。

　実際の授業ではまず、ある一つの４コマ漫画の作品に吹き出しを入れ、子どもたちにそれを提示して一緒に読んでみるというところから始めた。特に、授業の最初の頃は、１コマずつ教師が子どもたちとやりとりしながら、セリフを考案する方法を学習した。たとえば、資料３のような４コマ漫画を活用したときには、教師が１コマ目の「パシャパシャと泳いでいるイラスト」を子どもたちと見ながら、「何をしているところかな」とか、「○○君が泳いでいるよね」などと状況を説明しながら、「それを見ている△△さんは、どう思っているかな？」といった発問や、「どんな言葉がこの吹き出しに入るかな？」という発問をして、子どもが思考を進められるように、ある程度、教師の側でガイドした。このとき、漫画の２コマ目に描かれている「？」や「ふふ」など、直接的に意味が伝わらないところなどは、「これは何を意味しているかな？」などと意識的に注目させ、４コマ漫画の内容を「読解する」ための手がかりを与え、イラストを見ながら状況を想像させたり、そこに描かれている人の気持ちを想像させた（ストーリーの読み込み）。その上で、別の４コマ漫画のプリントを一人ひとりに渡して、吹き出しの中にどんな言葉を入れたらよいのか考えさせ、記入させた（資料４参照）。

　このように、考える時間を与え、生徒に考えさせている間に、教師は机間指導をして個別的に指導を行うが、このとき、生徒のひとこと（つぶやき）を逃さずに取り上げて、「吹き出しの中にその言葉を入れてみたら……？」と声をかけたり、とりあえず一つの作品に仕上げていった。こうした授業を展開することで、登場人物の気持ちを理解することが苦手な生徒でも、４コマ漫画の吹き出しに自分なりの表現を書き込み、完成させることができた。

第Ⅱ部　特別支援学校におけることばの授業づくり

資料３：『みんなで台詞を考えよう』の授業で用いた４コマ漫画例

62

第3章　中学部・高等部　想像世界で自由に表現する力を育てる国語の授業

資料4　学習内容・活動と指導・支援上の留意点（一部、抜粋）

23	3　全体で話し合いをする。 　(1) 発表をもとに発言する。 　(2) 台詞の改善をする。 　(3) 台詞を録音する。 　(4) 作品を視聴する。 　(5) (1)〜(4)を繰り返しながら漫画を完成する。 　　　　　▲漫画の例	・意見を求めても「分からない」という答えが返ってきた場合には、選択式の発問をすることで、選んで答えられるようにする。 ・T・Hが、発言内容がまとまらずに困っている様子が見られたときには、教師が一緒に考えを整理することで、やり取りの手掛かりとなるようにする。 ・I・Tは、感じたことを一言つぶやいたり黙ったままだったりすることが予想されるため、やり取りのきっかけとなるよう促しの言葉かけを行う。 ・Y・Hが録音の際に取り組みを渋るような様子が見られたときには、無理強いせずに録音順を変えたり、練習をしたりするなどして、自分からやってみようという気持ちを引き出すようにする。 ⇒それぞれ発言をすることができたか。また、生徒間でのやり取りが見られたか。
5	4　本時のまとめをする。 　(1) 改善点や工夫点を挙げる。 　(2) 本時の作品を視聴する。 　(3) あいさつをする。	・本時の作品作りの振り返りを行うことで、自分たちが作ったという意識を高められるようにする。 ・話し合いをすることで、良い作品ができたことを伝え、本時の頑張りを賞賛する。

出典：茨城大学教育学部附属養護学校研究紀要（2009年）『研究収録第30集』．p71．

　そして、それぞれの生徒が吹き出しに入る言葉を完成させたあと、自分たちの表現を互いに紹介しあった。こうした対話や交流を通して、生徒たちは「友達が4コマ漫画をどのように読み取ったか」ということをなんとなく感じることができた。このように、教師や友達からたくさんヒントをもらいながら、自分の作品に仕上げていくといったていねいなプロセスがこの授業にあったので、知的障害のある生徒たちでも、自分なりに表現することができたのだと考える。

　筆者は、この授業で注目すべき点が2つあると考えている。一つは、4コマ漫画の登場人物が授業を受けている3名の生徒や授業担当の教師に似たキャラクターとなっていることである。もう一つは、4コマ漫画に描かれているストーリーが、生徒たちの学校で日常的に行われている授業や行事の様子がもとになっているという点である。こうした日常的なストーリーを4コマ漫画にすることによって、「感情移入しやすくする（＝吹き出しの言葉を引き出しやすくする）」ことができたと考える。

　さらに、みんなで考える場を設け、3人で話し合いながら台詞を決めるという活動のあとに、最終的には役割分担をして台詞を録音し、それを視聴す

るといった授業となっている点もとても興味深いものである。こうした授業の展開は、生徒たちに自己を見つめる機会（フィードバック）を与えることになり、「次はこんなセリフを書いてみよう」とか「こんなふうに言ってみよう」など、表現を改善・発展させることに結びついていった。

　特別支援教育では、こうした指導を「障害特性に応じた特別な支援」と呼ぶのだろうが、「国語」という視点から見たときには、「4コマ漫画の物語」をより深く理解するために、教師が子どもたちと「お話を読み込んでいった授業」であると言えるのではないかと筆者は考えている。つまり、書かれているイラストの意味を生徒なりに理解できるように、教師や友達と一緒に考え、ていねいに意味を解釈できるように指導したり、話し合わせたりすることを大切にした授業であったからこそ、吹き出しに入る言葉（たとえば、「がんばれー」など）を考案することができたのだと考える。

4．主人公を創造し、活躍させる−物語をつくろう−

　小畑先生の国語の授業は、『みんなで台詞を考えよう』や『スタジオ　じぶり？　−アフレコに挑戦！−』の授業のあと、「ももたろう」の話を改造して自分たちの物語をつくるという設定でさらに発展していった（授業名は『物語をつくろう』）。この授業は、「ももたろう」の話をベースにしながらも、グループのメンバー（高等部1年生8名−教師3名）みんなで登場するキャラクター（人物や動物）を新たに創造し、そのキャラクターたちをももたろうのように活躍させるというものであった。

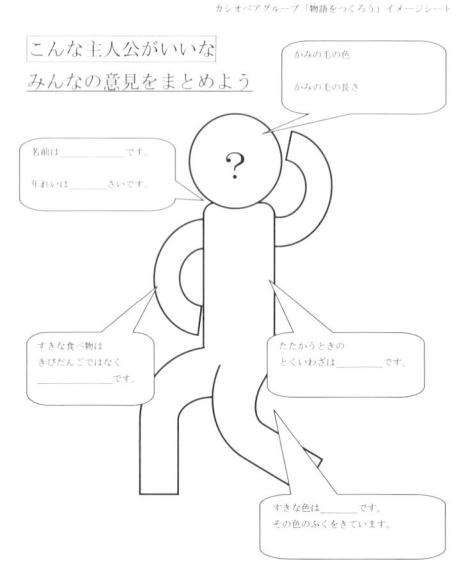

資料5：主人公のイメージを共有するシート

ただし、生徒たちがいきなり新しいキャラクターを創造することは難しく、また、生徒たちどうしで話し合わせてキャラクターのイメージを共有することも難しいことが予想された。そこで教師は、イメージシートを作成し、生徒たちで話し合いができる足場をつくって授業を進めた（資料5参照）。

　こうしたシートを活用することによって、生徒たちは「名前はクラウンがいい」「年齢は（自分たちと同じ）16歳」「髪の毛の色はキンパツ」「髪の長さはショートヘアー」など、具体的にキャラクターを考え、自分なりの意見を出すことができた。実際にキャラクターの名前を決める話し合いでは、「クラウン」と「戦国丸」というような候補があがったが、みんなで話し合い、投票まで実施して、「クラウン」という名前の主人公にすることにした。

　このように、初めは教師が用意した設定（イメージシート）に沿ってキャラクターづくりを進めたが、こうした学習の後、「キャラクターを創造する方法」をある程度理解することができるようになり、猿や犬、キジに代わるキャラクターを考える場合には、自分たちで考えられるようになっていた。

　たとえば、ある生徒は、ももたろうに登場するキジの代わりのキャラクターとして、ビックホークというキャラクターを創りだした。

　このとき生徒はそのキャラクターを絵に描き、イメージを具体化していった。また、ももたろうのように戦うための「必殺わざ」についても考えさせ、キャラクターのイメージから、「スーパーハリケーン（羽）」や「どくヅメでひっかき」、「くちばしでアタック」など、登場するキャラクターの特徴を次々に考案していった（資料6）。

　もちろん、知的障害のある生徒たちであるので、これらの必殺わざをイメージする際には、普段、家で見ている戦隊アニメや「○○レンジャー」という番組、あるいはテレビゲームなどのキャラクターがイメージの基盤となっていた。また、生徒たちが幼児期か

資料6：生徒が創造したキャラクターの例

ら慣れ親しんだ「ももたろう」の話を改造するといった課題であったので、「鬼を倒しに行く」というストーリーの主要部分がわかりやすかったということは大いにあり得ることだろう。こうした点をふまえると、たとえ中学部・高等部の生徒に対する国語の授業であっても、通常の高校生の想像力や創造性とは異なり、発達の状態に即した特別な指導方法や特別な配慮は必要である。

しかし、創造したキャラクターは最終的にはももたろうとはまったく異なるキャラクターとなっており、中学生・高校生たちが共通してあこがれている「アニメ」の世界が垣間見られるものを生み出したことも事実である。こうした点から考えると、知的発達に遅れがある生徒たちであっても、生徒たち自身が幼児期に好んでいたキャラクターとは異なるものを創りだせるということもまた事実である。

もちろん、生徒の創造力を引き出した裏には、「ももたろう」の話を改造するにあたって、教師が生徒から出てきたイメージやストーリーをうまく取り上げ、生徒たちの物語に組み入れていったという教師の「指導力」の高さが関係している。たとえば、ある生徒は、ももたろうで登場してくる「犬」を「狼」に改変し、鬼を退治するときには「狼男」になるというキャラクターを創造した。この生徒は、このキャラクターに「フェンネル」という名前を付け、次のような設定を考えた（資料7－生徒が書いた原文－メモを書き起こしたもの）。

資料7　生徒が考案したキャラクターの特徴とストーリー

フェンネル
○黄色（目は青）　　満月を見ると人間になる　　おにの城に行ったとき満月をみて人間に変身
○会った時は人間で満月。木の後ろからじっと見ている。満月をじいっと見る。人間の姿はもうすこし。「明日になればオオカミになれる」。ビックホークがいきなり手に止まる。おにの城の場所をクラウンが聞き、答えた。教えてあげたので、バナナときびだんごをもらう。海に向かった。「泳ぐかな？」「暗くてわからない」。次の日フェンネルはオオカミに戻っていた。オニと戦う時は人間でお願いします。お肉を食べてパワーアップする……。

第3章　中学部・高等部　想像世界で自由に表現する力を育てる国語の授業

　生徒が書いたメモの中には、「オニと戦う時は人間でお願いします」などのように、先生への注文の言葉などが書き記されている。これはおそらく、物語を考えてはみたが、どのように話をつないでいったらよいのかがわからなくなっていたことによるものではないかと推察できる。また、生徒なりに「フェンネル」というキャラクターを使って鬼退治に向かう場面を何とか生み出そうとしている様子がうかがえるが、生徒が書いた原文のまま全体の話に組み込んだら、他の生徒が聞いてもわからない話になってしまう。
　こうした中で、教師は、生徒が書いたり、口に出した言葉を拾い上げ、「ここはこういう意味?」とか、「ここはこんな感じでいい?」などと、内容を確認しながら、生徒のイメージを共有する姿勢で受け止めた。もちろん、最終的には教師が次の場面につながるように、細かい部分では「生徒の創作に手を加える」こともあったが、あくまでも生徒のイメージを大切にしながら、生徒と対話を繰り返し、作品を創り上げていった（資料8参照）。
　この授業の教師は、イラストを描くのがとても上手く、生徒たちが抱いたイメージに近いキャラクターのイラストを描き上げ、作品に反映させた。こ

フェンネル

クラウンたちは森で迷っていた。満月の夜だった。月明かりの中を進んでいると、一人の男がこちらを向いて立っていた。
「なんか気味の悪いやつだな。でもオニの城の場所を知っているかもしれない。」
クラウンたちは、その男に近づいてみた。

めざすのは「オニの城」

資料8：生徒のイメージを拾い上げながら、作品を一緒に創る

のように、キャラクターをイラストにしてイメージを出現させてあげることで、生徒たちは自分たちが考えた筋書きが作品の中の台詞に組み込まれていく楽しさを味わい、まさに、自分たちで「アニメの作品」を創り上げたという実感をもてるようになった。

　以上のように、教師と生徒が二人三脚で授業を進めながら、ももたろうの物語は完全にオリジナル作品へと創りかえられていった。つまり、この授業を通して生徒たちは、自分たちでキャラクターやストーリーを創り上げるといった「作家としての楽しみ」を味わうとともに、主人公に同化して鬼退治に行くという「絵本の中に入り込む楽しさ」を同時に味わったのではないかと考える。

5．想像の世界で自由に表現する「主体者」に育てる

　以上のような３つの授業を紹介した上で、知的障害特別支援学校の中・高等部の生徒に対する国語の授業をあらためて考えると、たとえ知的障害のある生徒たちであっても、「想像の世界で自由に物語を創作する」ということは十分に可能なのではないかと言うことができるのではないだろうか。

　もちろん、教師が生徒に対して行っている「読みの指導」については、一般の中学生や高校生よりも「きめ細やかなもの」であり、「スモールステップをふんだもの」であることが求められる。しかし、そうしたきめ細かい指導を通して、知的障害児が苦手とされる想像世界の創出ができるようになれば、生徒たちは吹き出しやアフレコ、あるいはキャラクターの創造という形で表現することが可能であった。前節までに紹介した３つの授業例を見ていると、国語の授業の中で表現活動を楽しんでいる子どもたちは、映画『ネバーエンディングストーリー』の主人公のように、想像世界を自由に往来し、大変な思いをしながらも、最後はとてもすがすがしい気持ちになっていたのではないかと感じられた。

　青年期の生徒たちは、日常生活の中で「本当は〜したいのに、どうすれば実現できるのかわからない……」という気持ちでいることが多く、理想と現実の間で悩み、常に一定のストレスを抱えて生活しているものである。これ

は、知的障害のある中・高校生でも同様である。そうした生徒たちが教師やまわりの友達の援助をたくさん受けながらも、想像世界の中で自由に思考をめぐらせ、自分の世界を表現するといった授業は、生徒なりに自分を見つめる機会をもつことができるとともに、精神的な解放感を得られる時間となるのではないだろうか。そして、こうした時間の中で「自分」が熟成され、社会や他者とのつながり方を何となく理解するようになるのであれば、そうした国語の授業は知的障害のある中・高等部の生徒たちの「生きる力」となると言えるのではないだろうか。

時には、就労に向けて、中・高等部生に教えなければならない言葉やコミュニケーション力を身につけるために国語の指導時間を使うことがあってもよい。しかし、職業準備のための国語指導に終始していて、本来、学校教育が果たすべき人格形成をおろそかにしているために、円滑な人間関係を形成する力が身につかないのだとしたら、それは本末転倒であると言わざるを得ない。このように考えると、本章で紹介した、物語世界の中に入り込み、自由に往来しながら、他者と話し合って自分たちの表現を創りだしていくといった国語の授業は、単に言葉やコミュニケーションの力を高めるだけでなく、知的障害のある中学生や高校生が「社会に主体者に参画できる力」を身につけることに結びついていくと言えるのではないかと考える。

引用参考文献
高井和美（2007）「『ことば』の力を育てる授業づくり」小川英彦ほか編著『特別支援キャリアアップシリーズ②特別支援教育の授業を組み立てよう』黎明書房
田口眞弓（2008）「重度重複障害児の教科指導」湯浅恭正ほか編著『特別支援教育のカリキュラム開発力を養おう』黎明書房

謝辞：本章を執筆するにあたり、茨城県立水戸飯富特別支援学校の小畑由紀子先生には国語の教材や学習指導案を提供していただきました。記して感謝申し上げます。

（新井　英靖）

第Ⅱ部　特別支援学校におけることばの授業づくり

資料　高等部　３年小畑グループ　課題学習　学習指導案

指導者：小畑　由紀子
場　所：高等部３年教室
時　間：10時55分〜11時40分

1　題　　材　　みんなで台詞を考えよう－漫画の吹き出しに入る会話文－
2　題材について
 (1) 設定理由
  ○　本グループは、高等部３年の男子１名、女子２名から構成されている。学習には積極的に取り組み、お互いを意識して、励まし合ったり教え合ったりする姿が見られる。
  ○　女子２名は話をすることが好きで、休み時間には友達や教師を相手に家での出来事やテレビの話題等を自分から話す様子が見られる。男子１名は、自分から相手に話しかけることは非常に少ないが、会話をしている友達や教師に近付いて、うなずきながら会話を聞いていることがあり、会話には興味を持っているようである。３名は共通して、相手から質問されると言葉につまってしまったり、「忘れました」、「分かりません」といった言葉でやり取りを済ませたりする様子が見られる。一方的な言葉の発信、あるいは言葉の受信のみではなく、言葉のキャッチボールのようなやり取りが交わせるようになればと考える。
  ○　そこで本題材では、４コマ漫画の吹き出しに台詞を入れるという活動を中心にして、生徒間、生徒・教師間の言葉のやり取りを広げていくことを目標とし、思い付いた台詞を書き表したり読んで発表したりしながら、お互いに意見を出し合えるようにした。漫画の登場人物には、グループの生徒をキャラクター化して登場させることで、より感情移入して台詞を考えられるようにしたい。考えた台詞をもとに、自分たちの声で録音したものを漫画の画像と共にパワーポイント上にて再生することで、自分や友達の声をより興味を持って聞き、発言するきっかけになるのではないかと考えた。より良いオリジナル作品作りを目指す中で、教師のかかわり方や場の構成といった環境の工夫により「次はこうしよう」「ここを変えようよ」といった活発な意見を交わせるようにしたいと考え、本題材を設定した。

第3章　中学部・高等部　想像世界で自由に表現する力を育てる国語の授業

(2) 生徒の実態

氏名等	言語面	学習態度・行動特徴など
I・T 男 3年	あいさつは自分からできる。伝えたいことは、「○○しました」「○○します」と簡潔に話すことができる。友達や教師の会話を近付いて聞いていることが多い。聞いた文や自分の考えを漢字交じり文で書くことができる。	学習には積極的に取り組むことができる。やり方が分かると自分から進めることができるが、丁寧さにやや欠ける。人の動きや会話に敏感で、活動中にも気になることが多い。
T・H 女 3年	親しい人に自分のことを話すことができる。簡単な質問には答えることができるが、内容によっては「忘れた」「覚えていない」と答えることもある。助詞や撥音・拗音等の書き誤りが多く、考えて書く活動は苦手である。	授業の準備をグループの中心になって行い、学習には積極的に取り組むことができる。緊張場面では、最初の文字がなかなか言い出せない語音のつまり（吃音）が見られる。
Y・H 女 3年	親しい人に自分のことを積極的に話すことができる。興味のある話であれば、会話のやり取りが続くが、緊張場面や難しい内容の会話だと考え込んでしまう。会話体であれば平仮名中心で書き表すことができる。	慣れた活動には、積極的に取り組むことができるが、新しい活動に対して苦手意識を感じてしまうことがある。そのため活動が滞り、依存的な場面も見られる。

(3) 個別目標

氏名	個別目標	個人カルテ
Y・H	話し合いの仕方が分かり、友達に提案や助言をすることができる。	言語（話す－8）
I・T	教師の促しを受けて、友達や全体に向けて発言することができる。	言語（話す－7）
T・H	選択式の発問を受けて、友達や全体に向けて発言することができる。	言語（話す－7）

※言語　話す－7：相手に分かるように話すことができる（早さ・発音・助詞・要点等）
　　　　話す－8：会話をすることができる。

3　指導計画（12時間取扱い：1単位45分）
　　第1次　吹き出しに台詞を入れよう・・・・・・・・・・・・・・・4時間
　　第2次　みんなで台詞を考えよう・・・・・・・・・・・・・・・8時間（本時は第7時）

改善テーマ	生徒間のやり取りを効果的に支援する環境作り	
課題点（Check）	改善点（Action）	
録音場面では楽しそうにやり取りを行う様子が見られる。漫画の台詞検討時には、教師からの個別の発問が不可欠である。教師→生徒だけでなく、生徒→生徒といったやり取りが必然となる場面設定が必要である。	漫画のストーリーと、個別に作成した台詞から受ける印象を全体で確認・整理することで、発言の手掛かりになるようにする。録音する役を併せて決めることで、「自分だったらどんな台詞を言いたいか」といった視点も盛り込み、発言を促すようにする。	

4　本時の指導
 (1)　個別目標
　　○　話し合いの仕方が分かり、漫画の台詞について自分の意見を発言することができる。　　　　　　　　　　　　　　　　　　　　　（Y・H）
　　○　教師の促しを受けて、漫画の台詞について友達や全体に向けて一言発言することができる。　　　　　　　　　　　　　　　　　　　　　（I・T）
　　○　発言内容を教師と整理して、友達や全体に向けて発言することができる。
　　　　　　　　　　　　　　　　　　　　　　　　　　　　　　　　（T・H）
 (2)　準備・資料　4コマ漫画（ワークシート、全体提示）、パソコン（パワーポイント・マイク・オーディオキャプチャー・スピーカー）
 (3)　展　　開　　　　　　　　　　　　　　　　　　　　　⇒評価の観点

時間	学習内容・活動	指導・支援上の留意点
7	1　本時の学習内容を確認する。 　(1)　あいさつをする。 　(2)　前時の作品を見る 　(3)　学習内容を確認する。	・生徒が時間を意識して授業開始の準備を整えられるよう、必要に応じて号令の当番に言葉かけをする。 ・前時の作品を視聴することで、前時の話し合いの良かった点を伝え、良い作品作りのために意見を出し合う大切さを伝える。

13	2　個別に台詞を考える。 　(1)　本時の漫画のストーリーを確認する。 　(2)　考えた台詞をワークシートに書き込む。 　(3)　考えた台詞を発表する。	・漫画の絵から読み取れる情報（登場する物や人の様子）を全体で確認することで、ストーリーの解釈の統一を図る。また、全体掲示用の漫画にその情報をキーワードとして書き込み、台詞を考える際の手掛かりになるようにする。 ・ Y・H がなかなか取り組めずにいるときには、キーワードを参考にしながら、取り組むきっかけとなるようなやり取りをする。 ・ T・H の表記に誤りがある場合は、表したい内容を教師が汲み取りそれに見合った見本文を提示したりキーワードに気付かせたりすることで、書く活動に対する苦手意識を軽減する。 ・ I・T は、台詞を書き込みながら笑ったりつぶやいたりすることでアピールすることが予想される。「どんな台詞を考えたの？」「次出来たら教えてね」と個別にやり取りをし、自発的な発言を促す。 ⇒友達の作品に興味・関心を持って、発表を聞くことができたか。
20	3　話し合いで台詞を決める。 　(1)　発表をもとに発言する。 ▲漫画の例 　(2)　台詞を決める。	 ・ Y・H が自分から発言できた際には、積極的な取り組みを賞賛することで、全体が活発にやり取りできるようにする。 ・意見を求めても「分からない」という答えが返ってきた場合には、選択式の発問をすることで、選んで答えられるようにする。 ・ T・H が、発言内容がまとまらずに困っている様子が見られたときには、教師が一緒に考えを整理し、発言を引き出せるようにする。 ・ I・T は、感じたことを一言つぶやいたり黙ったままだったりすることが予想されるため、発言の

	(3) 配役を決めて台詞を録音する。	きっかけとなるような促しの言葉かけを行う。 ・録音の際に、台詞の言い方について感想や助言を言い合えるよう必要に応じて投げかける。 ⇒それぞれ発言をすることができたか。また、生徒間でのやり取りが見られたか。
5	4　本時のまとめをする。 　(1) 改善点や工夫点を挙げる。 　(2) 本時の作品を視聴する。 　(3) あいさつをする。	・本時の作品作りの振り返りを行うことで、自分たちが作ったという意識を高められるようにする。 ・話し合いをすることで、良い作品ができたことを伝え、本時の頑張りを賞賛する。

コラム　1

肢体不自由児へのことばの授業

　肢体不自由児とは、原因を問わずに「思うように動かせない状態」を有する児童・生徒のことである。この「思うように動かせない」状態が、手や足などの身体の一部が動かしづらい児童・生徒もいれば、身体の全体にわたり動きそのものに制限のある児童・生徒まで、その制限の程度は児童・生徒によって様々である。

　肢体不自由のある児童・生徒は、その身体的制限から、様々な生活経験や社会経験などの体験的機会が不足しがちであり、自らの意思や気持ちを表現する意欲の欠如や、自ら積極的に環境に働きかける自発性の欠如などがその特徴として指摘されている（中司1988, pp.107-109）。これらの特徴によって、「対人関係の未熟さ」、「受身的・依存的な態度」、「日常全般での経験不足」、「会話の中での語彙や事物の理解不足」などの様子がみられる（国立特別支援教育総合研究所2011；2012）。

　よってこうした児童・生徒に重視すべき教育内容の１つに、他者とのコミュニケーションを図ることの楽しみや自らの気持ちや考えを伝える「表現する力」の育成があげられる（文部科学省2010）。また彼らの中には、身体の動きの制限と併せて言語表出に制限を伴う者が多く存在する。そのため、身体の動きの制限だけでなく音声による表出レベルも様々である。このように「表現する力」を高めることが課題とされている肢体不自由児にとって、国語教育やことばの獲得は、まさに「表現する力」の基礎となるものである。

　彼らにとって、「読む」、「書く」、「聞く」「話す」といった国語教育の柱となる学習活動には、物理的な環境の工夫や課題設定の工夫を要する。書籍や教科書をめくる動作の難しい児童・生徒や音声表出に制限のある児童・生徒にとって、「読む」という学習活動には制限がある。また同様に「書く」といった学習活動も、上肢（腕、手、指）の動きに制限のある児童・生徒には困難さが生じる。「話す」という活動も、音声表出に時間の要する児童・生徒はもちろんのこと、スムーズな言語表出が容易でない児童・生徒にとっては制限が生じることがある。

　そのため肢体不自由児教育では、適切な学習環境を実現するために児童・生徒の身体の動きの補助や正しい姿勢の保持をする車イスや補助いすなどの補助用具を用いると同時に、表出する力を補う為に、ICT（Information and Communication Technology：情報通信技術）やAAC（Augumentative Alternative Communication：拡大・代替コミュニケーション）機器などのコンピューター等の情報機器やコミュニケーションエイドと呼ばれる支援機器を活用

しながら、児童・生徒の「表現する力」を高める指導を行っている。

　最近では、タブレット端末に従来のAACの機能を追加することで、学習環境のなかにこれらの支援機器を用いることが容易になってきている。これらの支援機器をことばの授業に用いる具体的な例としては、「書く」動作に困難のある場合は、特殊なキーボードやマウスを用いてパソコンに入力し、それらを「書く」作業として代替することなどが考えられる。また「読む」、「話す」ことに課題のある場合には、自らの意思表示を音声出力に代えるAACの活用や、前述したパソコンやタブレット端末に児童・生徒の意思を文字入力し、それらを読み上げソフトを用いて音声出力に変換するということが考えられる。

　このように肢体不自由児教育では、肢体不自由によって「できない」活動を、補助用具や支援機器を用いることによって「できる」活動へと転換させ、肢体不自由があるが故に生じる様々な経験の不足やコミュニケーション力の不足を解決していく取組みが求められている。よって肢体不自由のある児童・生徒の国語教育では、ICTやAACを積極的に導入して、自らの意思や考えを「ことば」を通じて表現し、これらを他者と共有することで表現する喜びを体感することが重要になる。

引用参考文献

中司利一（1988）『障害者心理－その理解と研究－』ミネルヴァ書房

文部科学省（2009）『特別支援学校学習指導要領解説　総則等編（幼稚部・小学部・中学部）』教育出版

特別支援教育総合研究所（2011）『全国小・中学校肢体不自由特別支援学級の指導に関する調査報告書B-269』「独立行政法人国立特別支援教育総合研究所専門研究報告書」

特別支援教育総合研究所（2012）『肢体不自由のある児童生徒に対する言語活動を中心とした表現する力を育む指導に関する研究－教科学習の充実をめざしてB-275』「独立行政法人国立特別支援教育総合研究所専門研究報告書」

（藤井　明日香）

コラム 2

言語障害児へのことばの授業
－ことばの授業は、安らぎ、集中し、笑いの中で－

　どんな「ことばの授業」なら楽しく、身につき、日常の生活で生かせるものになるだろうか。

　私が受けた最初のことばの授業は、小学校の国語の時間だ。3歳頃からどもり始め、小学2年生ごろから吃音に強い劣等感をもった、言語障害の私にとって、いつ指名されるか、びくびくして受ける授業は、苦痛だった。どもって音読して笑われ、いじめられ、自分を表現できなくなった。どもりたくないために話すことから徹底して逃げた。どもりさえ治ればと、「治る」ことばかりを夢見ていた。

　21歳の時、吃音治療所の「ことばの治療・訓練」が、私の二度目の「ことばの授業」となった。しかし、「ゆっくり話す練習」などの努力にもかかわらず、私だけでなく300人全員が治らなかった。多くの人が「ことばの授業」を生活に生かせなかった。継続して努力もできなかった。それには理由がある。

・特別な方法なので、続けると、ますます吃音をマイナスに意識していく。
・練習が楽しくなくて、何時間、何日間練習を続ければ、治るのか、改善されるのか見通せない。
・「ゆっくり」話す不自然な話し方なので、日常の生活で使えない。

　私は、「どもりは治らない、治せない」と諦めて、どもる自分を認めて、どもることを隠さず、どもっても話していった。訓練室の中での言語訓練では、私の吃音は変わらなかったが、日常生活の中で話していく中で、吃音そのものも変わった。「吃音はどう治すかではなく、どう生きるかだ」に、私は確信をもった。

　その後、どもる子どもの言語指導に関わるようになり、吃音の治療・改善を目的とせずに、子どもと楽しく「声・ことば」に取り組めないかを考えていた時、「からだとことばのレッスン」の竹内敏晴さんに出会った。3日間の「ことばの授業」は、これまで受けた小学生時代のことばの授業とも、21歳の時受けた、治療・訓練のためのことばの授業とも全く違っていた。

　二人組になって互いのからだを揺らすことで安らぎ、相手に対して身構えている自分のからだに気づいた。童謡・唱歌の歌詞の意味を味わい、それを表現して、からだを使って力いっぱい歌った。相手に呼びかけ、自分の声が、相手に届いたり、届かなかったりすることを知った。詩を読み、一番苦手にしていた演劇に挑戦した。よく笑い、歌い、安らぎ、集中した3日間で、声が出る喜び、相手にことばが伝わるうれしさ、表現する楽しさを味わった。「ことばの授業」とは、自

分のからだが温かくなり、楽しいものだったのだ。緊張し、楽しくない、ことばの授業は身につくものではなかったのだ。

> のどから出る音は、たった一つで、それが息の続く限り出ている間に、舌の形の変化で音は変わってゆく。さらに唇や口腔や息の強さなどを変えれば子音による変化が加わる。一音一音をいかに別々にきちんと発音できるかと困っていた時、こんなカンタンなことを誰も教えてくれなかった（竹内1990, p.139）

　かつて聴覚・言語障害者だった竹内さんの、この発見から生まれた「からだとことばのレッスン」を、私たちが経験した「ことばの授業」の楽しさを、子どもたちに経験してほしいと願い、二泊三日の吃音親子サマーキャンプを24年間続けている。日本語の発音・発声の基本を、「日本語は母音のひとつの息の流れ」、「一音一拍」「子音と母音を一緒に出す」ことと、子どもたちに教えている。日本語は母音が聞き分けられれば、ほぼ理解できる。朝、「オアオオオアイアウ」と言えば、「おはようございます」と聞き取れる。子音をはっきり発音しようとあせらない。子音と母音を同時に発音する。母音の流れに子音で軽く刻み目をつける。ことば遊び、詩、童話、演劇のセリフなどを、一音一拍で読んだり話したりすれば、日本語の音とリズムの美しさ、力強さが感じ取れるだろう。

引用参考文献
伊藤伸二（2010）『親、教師、言語聴覚士が使える、吃音ワークブック』解放出版社
竹内敏晴（1990）『からだとことばのレッスン』講談社現代新書

　　　　　　　　　　　　　　　　　　　　　　　　　　　（伊藤　伸二）

コラム　3

視覚障害児へのことばの授業

　視覚障害というと、教育的には、点字を使用して、主に触覚や聴覚を利用して学習する「盲」と、拡大鏡や拡大読書器のような何らかの視覚補助の方法を用いて視覚を主に用いて学習する「弱視」という状態に分けられる。弱視という言葉は、最近ではロービジョンともよばれる。この盲と弱視では用いる感覚が異なるため、当然、授業の際の支援のアプローチも異なってくる。しかし、ことばの指導の際、盲の状態への指導アプローチは弱視に対しても参考になる部分が多いため、ここでは盲児へのアプローチについて紹介する。

　視覚障害教育においては、ことばの学習の重要性は特に強調されてきた。それは、ことばの学習と概念の形成との間に密接な関係があり、何らかの原因で未分化な概念しか獲得できない場合、そこで学習されることばも極めて未分化な意味しか持ち得ない。視覚の障害は、その未分化な概念形成の原因ともなりかねない（文部省1987, p.10）ためである。視覚が全感覚に占める情報量の割合は83パーセントであるという試算もあり、視覚は概念獲得にとって極めて重要な役割を担っている。そんな視覚障害の状態で概念を獲得しにくい事物として、とても大きいもの（山・ビルなど）、小さいもの（蟻・細菌など）、遠くにあるもの（星・地平線など）、動いているもの（走っている自動車・飛んでいる鳥など）、触ると変化するもの（桜の花びら・クモの巣など）、触れないもの（光・色など）、触ると危険なもの（沸騰の状態・動いている機械など）を挙げることができる（佐藤泰正1988, p.14）。

　視覚障害者に対することばの指導については、特別支援学校学習指導要領には「児童が聴覚、触覚及び保有する視覚などを十分に活用して、具体的な事物・事象や動作と言葉とを結び付けて、的確な概念の形成を図り、言葉を正しく理解し活用できるようにすること。」と明記されている（文部科学省2008第2章）。視覚障害教育では、できるだけ直接経験に基づいた具体的な事物によることばの獲得を重視する。盲児の場合、耳から大量のことばが入ってくるが、それに伴ってことばに対応した概念、そしてその概念を支える豊かな属性が晴眼者のように自動的に入ってくることは稀である。小鳥のさえずりが聞こえたとき、晴眼者であれば、「ちゅんちゅん」という鳴き声とともに、くちばしや、翼をもった小鳥が枝につかまっている姿が目に飛び込むだろう。つまり、鳴き声と一緒に、くちばし、つばさ、枝につかまる2本の脚という属性が自動的に視覚により知覚され、それらの属性が概念と結びつき、小鳥という言葉を獲得する。このような自動的な属

性の獲得が困難な状況におかれるのが視覚障害者である。このように直接経験を伴わないで、ことばのみが獲得される状態をバーバーリズム（唯言語主義）といわれる。私が経験したケースには、小鳥とネズミが同じ種類の動物だと思っていた盲の中学生がいた。よくよく彼女に尋ねてみると、鳴き声が似ているから同じだと思っていたようだ。視覚によらず、音声から取り入れられる属性で概念が形成され、ことばと結びつく場合、このような事態も起こりうる。視覚による属性を得て概念を獲得しているケースでは考えにくいことであろう。

　このような事態を避けるために、視覚障害教育では、プロトタイプ（典型事例）の指導を重視する。その際、例えば、小鳥やネズミなどの小動物を教える際は、単に実物だけを触らせたりはしない。生体からは体温・呼吸・心拍など多くの情報を得られるが、触れる種・機会の制限や、動いたり柔らかかったりすることから、形態の情報を得ることが難しい。そこで、形態の情報を得るためにはく製を用いる。長時間触っても、どこを触っても、嫌がったりはしないし、硬いので形態の情報を触って得るのに向いている。さらに骨格標本も用いられる。骨格標本からは、草食か肉食か、生活や運動の様態などを類推することができる（鳥山由子2007, p.42）。こうやって目的に応じた教材を活用して、様々な教材の長所を束ねて、体験に基づくことば（概念）の獲得を促す。視覚と異なり触覚は、触ろうと行動し、直接触ることで感覚が生じる。視覚障害教育では、この特性を周りの大人が理解し、豊かな属性を獲得できる方法を考えることが重要であり、そこが醍醐味の一つでもある。

引用参考文献
佐藤泰正（1988）『視覚障害心理学』学芸図書
鳥山由子（2007）『視覚障害指導法の理論と実際』ジアース教育新社
文部科学省（2008）『特別支援学校小学部・中学部学習指導要領』
文部省（1987）『視覚障害児のための言語の理解と表現の指導』

（氏間　和仁）

第Ⅲ部

特別支援学級における
ことばの授業づくり

第1章
小学校① 特別支援学級における
ことばの授業の創意と工夫

1．はじめに

　ことばの授業を一言でいうと、「読むこと」「書くこと」「話すこと・聞くこと」の能力をコミュニケーション能力として伸ばしていく、ということであろう。

　特別支援学級では発達差の大きい集団で学習すること、同じ顔ぶれで数年にわたって授業を行う事が往々にしてある。したがって、同じ授業、同じ教材を使っても、段階によってねらいとするところは異なることを押さえておきたい。また発達差を考慮して能力別に授業を組む場合、その授業の中心的な課題は何かということを児童の実態からしっかりと押さえておきたい。

　職業的自立を促す観点から、日記や履歴書書き、生活に根ざした学習を国語におくことが昔の特別支援学級にはあった。しかし、今は障害があっても、教科としての国語を学習していくことが必要だと考える。もちろん通常の教育と同じように学習を進めることはできないので、そこに特別支援学級なりの創意と工夫が求められるのだが。ここでは、そうした創意工夫に何らかのヒントとなることを紹介していきたい。

2．まずは楽しめる教材から

　まずは子どもたちが授業を楽しんでくれなければうまくいかない。ワクワク感やドキドキ感を大事にしたい。筆者は絵本を使う事が多かった。指導者である、自分の感覚も大事にしながら、リズム感のあるもの、意外性のあるもの、を選んできた。また、授業する一人一人の子どもを思い浮かべながら、

教材の選定をしてきた。「〇〇さんは動物が好きだからこの本にしよう」とか「〇〇くんは電車が好きだから電車の出てくる話にしよう」という子どもたちから見たニーズにも気を配りたい。そして「子どもたちにこの世界を味あわせてあげたい」という「授業者のこだわり」も大事にしたい。

多くの教材や作品があり、過去に多く実践されているものもあるが、特別支援学級や特別支援学校で独自の教材を使って学習できる場合は、ぜひ新たな教材開発・教材研究を進めてほしい。月に一回は大型書店に行き、絵本のコーナーで教材になりそうな本はないか探してほしい。また図書館に行き、ネタを仕入れてくることも大切である。視覚に訴えるもの、言葉のリズムを楽しめるもの、絵のおもしろさで興味をひくものなど、観点を明確にしながら教材を選定したい。

次に教材をどのように披露するかを考えたい。大型絵本にするか、ペープサートにするか、パネルシアター、一人一人にテキストを作る方法もある。子どもたちにとってよりよい方法を考えたい。子どもたちが口ずさんだり、家で読んでいたり、あるいは学級や学校で流行ったりすれば大成功である。おおげさにいえば、学級文化・学校文化であり、障害があっても、そうしたことを追求していきたい。

通常教育でも同じであるが、教材研究を深く進めることで、その教材で何を学ばせ、何を子どもたちに獲得していってもらいたいのかが明確になってくる。逆に言うと、そうした経験が授業をよりよく進める要因になるともいえるだろう。

3．ことばあそび

リズムで遊ぶ、回文で遊ぶ、詩を味わう、などの取り組みをした。

工藤直子の「のはらうた」（童話屋）は詩としても楽しめるし、原作をもとにオリジナルの作品づくりに挑戦していくこともおもしろい。「こんにちワニ」（中川ひろたか、PHP研究所）はダジャレの絵本。「じゃんけんぽんず、あいこでしょーゆ」などと理解できる子はダジャレの面白さに気付いて楽しむことができるし、ことばのリズムだけでも十分楽しめる。「にわのわに」（多

田ヒロシ、こぐま社）は回文。「上から読んでも下から読んでも同じ」ということが最初なかなか分からなかったようだが、何回か学習する中で、「なるほど、そうなっているのか」と気付いていく子が多かった。（ただし、オリジナルの回文づくりはかなり難しかった。「トマト」のような本当に単語レベル的なところまでで終わったケースもあった。）「これはのみのぴこ」（谷川俊太郎、サンリード）は一語ずつ言葉が増えていくと同時にその風景が変わってくる。詩であるが物語の学習としてもおもしろい作品である。

4．ひらがな・カタカナの学習

　障害のある子にとって、文字の獲得は大切なことである。あるダウン症の子どもが、上級生の日記にあこがれて、文字にはならないが、ノートに点点をたくさん書いてもってきてくれた。「○○ちゃん、日記、書いてきてくれたんだ。読んでくれる？」というと、その子は嬉しげに何事か読んでくれた。最初はそうしたあこがれからスタートした本人の文字学習だったが、その後、ひらがなを獲得し、文字をしっかりと読んで、日記なども発表するようになった。授業参観でその姿をみたその子の父親がつぶやくように「教育ってすごい」と話していたのを思い出す。障害のある子にとって、文字を獲得することは一大事業である。ある子どもにとっては、獲得するまでに至らないかもしれない。しかし、学校教育としてチャレンジしていくべき課題だと思っている。

　文字の獲得のスタートである、ひらがな・カタカナの学習も、ドリルを行ってそれで終わりとするのではなく、教材と絡めてやっていきたい。プリント教材などでの学習を否定するわけではない。習熟という観点からすればプリントによる学習やドリル学習は大切である。ただ、集団で楽しんで授業をするためには、教材を介した授業の展開が大事だと思っている。ひらがな、カタカナの学習で次のような作品を使ってきた。

「あいうえおえほん」（とだこうしろう作、戸田デザイン研究所）
「あいうえおうさま」（寺村輝夫作、理論社）

「あいうえおにぎり」（ねじめ正一作、偕成社）
「あっちゃんあがつく　たべものあいうえお」（みねよう・さいとうしのぶ作、リーブル）
「ぐりとぐらのあいうえお」（中川季枝子作、福音館書店）
「しりとりしましょ　たべものあいうえお」（さいとうしのぶ作、リーブル）
「カタカナえほん」（とうだこうしろう作、戸田デザイン研究所）
「カタカナ絵本アイウエオ」（五味太郎作、岩崎書店）

　他にも「あいうえお」という観点でいろいろな絵本が出ている。子どもたちにとって興味関心をひくものかどうか、子どもの実態を見ながら、その子に合わせたよりよいものを選びたい。また、ある程度力のある子どもたちとやるときは「○○くんのあいうえお」として、オリジナルの絵本を作ることもした。「○のつくことば」を自分で考えて五十音を作るのである。「パイがいっぱい」（和田誠作、文化出版局）の中の「1から10までのかぞえうた」をやったときに、ある自閉症児の子が、オリジナル絵本作りを覚えていて自分で「○○○○のおばけかぞえうた」を作ってきた。またある子は、あのつくことば、いのつくことば……と、五十音すべての単語を書きだし、それを「○○くんのあいうえお」というオリジナル本にした。こうした創造的な学習を、特に自閉症児では大事にしたいと思う。課題からはみ出ると「ダメです」と言われがちであるが、自閉症児がオリジナリティを発揮することをもっとしっかりととらえて褒めて評価してほしい。そうしたことが子どもたちの表現する意欲につながるからである。
　授業の流れは①本文を読む②出てきたひらがなを確認し、読む（書く）練習をする③その字のつく言葉を考える④プリントを書く、等のように同じ形で行ってきた。こうすることで、その単元はそのような流れで学習していくのだということが子どもたちにも理解できるからである。特に自閉症児にとっては、授業の流れが一定しているのは、落ち着いて学習できる要因の一つであった。

5．物語の学習

　筆者は物語の学習は「生活を豊かにおくる力になる」と考え実践してきた。したがって、障害の程度がどうであれ、物語の学習を保障していくことが大切だと思ってきた。通常学級の教科書に掲載されている物語も視野に入れながら、学習をその子が理解できるように学習過程を考えていくことが重要である。

　以下、いくつかの学習パターンと、取り上げてきた物語を紹介したい。

⑴　障害の重い子も含めて、劇化したり、時には部屋全体を舞台にして、子どもたちを登場人物にして一緒に物語の世界に入るやり方

○「三びきのこぶた」（岩崎書店、はじめてのめいさくえほん）

　わらのいえ、木のいえ、レンガのいえを別室につくり、子どもたちがこぶたになって、おおかみから逃げ回る。障害の重い子が何回目かの学習の時に、わらのいえがおおかみによって壊されたときに、自分から木のいえの方に身体を向けたことがあった。そのことをもって物語の内容を理解したとはいえないだろうが、活動をする中で、物語の中に身を投じる、当事者的な感覚は芽生えたのではないか、と思っている。

○「三びきのやぎのがらがらどん」（福音館書店）

　やぎになってかいぶつのトロルとたたかう。原作はやぎのがらがらどんがかいぶつのトロルを最後にやっつけてしまうのであるが、子どもたちと劇遊び風に役柄を決めて進めていったら、逆にトロルにがらがらどんが食べられてしまった、という結末になってしまったことがある。「それ話と違うでしょう」と教師が言うと、子どもたちはニヤニヤ笑っていた。これも、ある意味物語の内容を理解した、ということにはならないだろうか。

○「はしの上のおおかみ」（鈴木出版）

　平均台をはしにみたて、おおかみとのやりとりをする。これも劇遊び風にお面を作って子どもたちにどうぶつになってもらった。平均台をしっかりと渡っていくことができるようになると、おおかみ役の指導者から持ちあげてもらうことが楽しみになり、自ら進んで取り組むことが多くなった。

○「いってきます」(わたなべしげお、福音館書店)

　教室に「山」や「橋」等を作り、主人公と同じように一人ずつ物語と同じように活動する。「水たまりをじゃぶじゃぶ」というシーンでは、水色の大きな画用紙を丸く切って、その上で足を踏んで「じゃぶじゃぶ」とやっていた。ある自閉症児がその授業のあと、休み時間に画用紙を手に取り、いきなりびりびりと破り始めた。「おいおい」といいたいのをぐっとこらえて見ていたら、彼は、そうして細かく切った色画用紙を紙吹雪のように上に舞い上げ、「シャワー！」と言ったのである。その時に、彼は、ちゃんとこの色画用紙を水たまりとして見ていてくれたんだな、と感激してしまった。

　活動をすること、できることが理解していることではない、とよく言われる。たしかに、その通りだが、わかりかた（理解の度合い）は、子どもによっては見えづらいこともある。じっくりと待つ姿勢で子どもの活動を見ることも大切だという事を、彼から教わったような気がする。

○「かさ」(太田大八、文研出版)

　文章が全くない絵本である。絵もモノクロで、ただ一つ赤いかさだけに色がついている。比較的能力の高い子どもたちと学習したときに、その絵から文章をつくる学習を行った。もともと文章がないので、どんな形で書いても正解になるし、子どもの創造力を高めていくのにも最適な教材であった。

(2) 定番的な物語を学習する。

　多くの人がストーリーを知っていて、共有化しやすい。内容を理解することで、その子にとっての財産(ある意味「教養」と呼べるものではないか)になる。

○「はらぺこあおむし」(エリック・カール、偕成社)

　曲がついていてCDも販売されている。読み聞かせや集会などで取り上げることも多かったが、食べ物が沢山出てきて、あおむしが「食べる」という動きがある。物語として学習するときには、そうした食べ物、食べること、に関心を寄せていくことが多かった。

○「スイミー」(レオ・レオニ、好学社)

　通常教育でも国語の教科書に取り上げられている教材である。原作の絵本

は色鮮やかで、それがこの話の魅力の一つとなっているので、それぞれの場面を拡大した絵を提示しながら、その場面、場面での美しさ、ということも意識して学習を進めた。

○「おおきなかぶ」（福音館書店）

　これも通常教育の国語の教科書に取り上げられている。おおきなかぶを引き抜くために、一人ずつ（一匹ずつ）登場人物が増えていくこと、その登場人物が次々小さくなっていく（おじいさん、おばあさん、まご、いぬ、ねこ、ねずみ）こと、一番小さいねずみが参加してようやくかぶが抜けること、などを楽しんでストーリーを終えるようにさせたい。劇化して学習することが多かった。

○「ぐりとぐら」（中川季枝子、福音館書店）

　ぐりとぐらのやりとりを意識しながら、ぐり役、ぐら役、を作ってセリフのようにして読みあった。大きなたまごを料理するところにひきつけられる子どもが多かったように思う。実際に料理をして物語の世界を味わうのもおもしろいだろう。

○「ももたろう」（福音館書店）

　あまりにも有名な昔話であるが、さる、いぬ、きじと桃太郎のやりとりをパターン風にして、劇遊び風に学習してみた。「ももたろうさん、ももたろうさん、おこしにつけたきびだんご、ひとつわたしにくださいな」「はい」というようなやりとりを自閉症の子同士でやったが、パターン的な感じにいつしか二人ともはまってしまい、最後はみんなの前で発表会まで行った。

　その他、教材として使用した作品を以下作品名だけ記しておく。

○「ぐるんぱのようちえん」（西内ミナミ、福音館書店）
○「へいきへいき」（内田麟太郎、講談社）
○「ゆうたはともだち」（きたやまようこ、あかね書房）
○「ねずみくんだいじょうぶかしら」（五味太郎、偕成社）
○「ねずみくんのチョッキ」（なかえよしを、ポプラ社）
○「わたしのワンピース」（にしまきかやこ、こぐま社）
○「きょうはみんなでクマがりだ」（マイケル・ローゼン、評論社）

○「どろんこハリー」（ジーン・ジオン、福音館書店）
○「11ぴきのねこ」（馬場のぼる、こぐま社）

(3) 最初から全部を渡さないで1ページずつ渡していき、「次はどうなるか」のワクワク感を持たせながら学習する。
○「うんちしたのはだれよ」（ヴエルナー・ホルツヴァルト作）
　もぐらくんの頭にうんちをした犯人をもぐらくんが探していく話であるが、1ページずつ渡すと最後まで犯人が出てこないので子どもたちの興味が最後まで持続しやすい。
○「きかんしゃやえもん」（阿川弘之作）
　電車好きな子どもには、きかんしゃは極めて興味を引く素材である。1ページずつ学習する中で、次の場面で、やえもんがどうなっていくかを子どもたちに考えさせて学習することができた。
○「アレクサンダーとぜんまいねずみ」（レオ・レオニ、好学社）
　ねずみのキャラクターがかわいく、子どもが気持ちを寄せやすい。1ページずつ学習する中で、最初はちやほやされていたぜんまいねずみが最後は見捨てられていくという変化を丁寧にみていくことができた。
○「これはのみのぴこ」（谷川俊太郎作）（ことばあそびのところでも紹介）
　1ページずつやることで言葉がどんどん増えてくる楽しさを味わう事が出来る。いわゆる「単語」、ことばを学習する教材としてもおもしろい。

(4) いくつかのエピソード
○通常学級に途中まで在籍していた、いわゆる「軽度発達障害」の子どもたちが中心のグループで「大造じいさんとがん」を学習したが、「意味がわからないまま、ただ読んでいる」ということが多く、この段階の子どもたちは、「文字が読める、書けるからといって内容までわかっているわけではない」ことを意識してやっていく必要があると強く感じた。丁寧に情景を追い、この場面で大造じいさんはどこにいるのか？何をしているのか？何をもっているのか？どう考えているのか？等の問いかけをしていくなか

で、少しずつ物語の内容の理解が進んだ。文字が読める子、文字が書ける子は、一見物語の内容も理解していると思いがちだが、「本当に内容がわかっているのか」ということを丁寧に見ていく必要があると感じている。
○「セロ弾きのゴーシュ」（宮沢賢治作）をやったときのことである。ある自閉症児は、本文を見ながら□に埋める穴埋め問題は得意であった。が、穴埋めではない「このときゴーシュはどう思ったか」の設問に彼なりに必死に考えている様子が伺えた。そして彼が出した答えが「たぬきじる」だった（たぬきの子が訪ねてきて、ゴーシュはそれを追い返そうとわざと怖い顔をして「たぬき汁にしてしまうぞ」という場面である）。通常学級のテストでいえばバツだろう。しかし、本人が穴埋めでなく、その周辺の文を見て、必死になって出した答えが「たぬきじる」だったのである。この課題に必死に取り組んだ彼を見て、それだけでこの物語をやった意味はあったと思った。

「認識を育てる」視点からもこうした内容の読みとりは、その段階の子どもたちにとっては大事にしてほしい点である。

また、子どもたちへの見せ方の工夫として、次のようなことを行ってきた。
・大型絵本を活用する。
・拡大コピー機を使って教材を大きくする。
・リズム感を大事にして、何回も繰り返し読んでいく中で、その場面その場面をピックアップして動作化したり、劇化したりして物語の内容を味わわせる。
・ビデオ映像を使う。

6．説明文の学習

知的障害教育において、説明文の読解は難しいと言われている。しかし、文字を獲得している子どもたちには、学習機会を作りたい。筆者は、特に、通常学級から転学してくる子どもたちに出会った時に、ある意味、通常学級で挫折した説明文の読解にトライさせてみたいと思った。子どもたちの興味・関心のある事柄でオリジナルの説明文を作って読解する方法が有効で

あった。たとえばテレビ好きな子どもたちに「テレビの番組欄の話」や、電車好きな子どもたちに「電車の話」などを作って、読解した。電車の方は、その後、専門雑誌（『鉄道ジャーナル』）の文章を使って、当時新しくできた東北新幹線の乗車記にチャレンジもした。大人向けの文章なので、「東京駅○番線ホームから○号車に乗り込んだ」「通常列車と並行して走る」など、文章だけだとなかなか理解できないと思われるが、電車のイメージをしっかりともつ子どもたちは、筆者が東北新幹線に乗っている、ということはわかり、そこから「○番線ホームから出発した」「○号車だからグリーン車ではない」「並行して走っているのは京浜東北線だ」等、かなりのところまで読解が出来ており、方法によっては着実に力をつけられることを学んだ。文字を獲得する途上の子どもたちにも、自分たちの生活とからめて、「給食当番のしたくのやりかた」とか「そうじ当番のやりかた」などの説明文を作って読むことはできるのではないかと考えている。

7．作文

自閉症児が苦手とされる一つが作文である。「考えたことを書きましょう」などと言われてもお手上げ、という子が多い。ではどうするか。「遠足の作文を書きましょう」という課題で考えてみよう。まずは、時間軸にそって書かせてみる。

①電車に乗りました②歩きました③公園につきました④お弁当を食べました⑤電車に乗りました⑥学校につきました。

それから「公園で何をしたの？」→「遊んだ」「何して遊んだの？」→「ブランコ」等と質問し、足していくのである。最後に「楽しかったです」というフレーズを入れれば、とりあえずの作文の一丁上がり、となる。書くことに苦手意識を持っている子どもたちにとっては、これだけでも大事業である。がんばって書いたことをまずは褒めてあげたい。「こんなんじゃだめだ」と言われてしまうつらさを想像してほしい。最初はそれでいいではないか、というのが筆者の考えである。

一方で、「書きたいという思い、伝えたいという思いがあるときは、書ける」

とも思っている。そうした時にさっと作文用紙を渡せるかどうかがカギである。校外学習で電車に乗った喜びを生き生きと書いてきた子がいた。文章だけをみると「○○線に乗った」「○○線に乗った」ばかりが続く感じであったりするが「○○系に乗りました」「新型車両を見ました」というあたりに、その子がそのときに何に関心を持ち、どんなことを思っていたかを垣間見た気がした。「『○○○○』と高橋先生が言いました」等の文章が出てくるのも成長である。自閉症の子の作文は見る視点が違って面白いと思っている。書くことが嫌になってしまっては困るが、書くことを苦にしない、書くことを楽しめる子どもに育てていけば、おのずと作文力はついてくる。その意味では、指導者がどのように気持ちよく子どもたちをのせるか、ということも大事かもしれない。

江口季好氏は作文について次のように記している。

> 作文には自分の本音を出してほしいと思います。そのためには教師の親愛感や教室の子どもたちが何でも言いあえるよい雰囲気づくりが必要です。そして書かずにはいられないことを、心ゆくまで、ぐいぐい書けるように育てていきたいと思います。そのためには、書く前にしたことや、言ったことや、見たことや、考えたことなどをゆっくり話し合うことも必要です。（江口1994, p.111）

筆者も、作文指導において、江口氏の以上の指摘を大切にしてきた。学級での人間関係、雰囲気、といったものも作文を進めていく大事な要素として押さえておきたい。

8．かかわる力を伸ばす（コミュニケーションの力をつける）

自閉症児二人のエピソードである。お話発表でAくんは発表者、Bくんはそれを黒板に書く書記係。Aくんが「多摩急行、唐木田行きに乗りたい」と発表した。Bくんは「カラキダ、カラキダ……」と「唐木田」を漢字で書けなくて困っていた。そこで筆者は「ひらがなでもいいんじゃない」と助け舟を

出し、Bくんが「からきだ」とひらがなで書くとすかさずAくんが「漢字ね！」と突っ込んできた。どうしようと不安な表情で筆者を見るBくん。しかし筆者は冷たく「二人で何とかしてください」と突き放した。さて、どうなったか。AくんはBくんからチョークをとって「唐木田」と黒板に書いたのである。それをみて、あっぱれ！と思った。自閉症児だからこそ、こうしたやりとりを大切にしたいと考えている。集団の中だと混乱する、視覚刺激が多いと集中できない、等と言われて、確かにそのような自閉症児もいないわけではないが、必ずしもそうではないとはっきりと言える。国語の授業においても、集団の中でかかわることを避けてはいけないと思う。「かかわる力を伸ばす」ことは一番コミュニケーション能力を高めることだと思うのだがどうだろうか。

9. さいごに

　障害児教育の先達、近藤益雄は次のように述べている。

> 　一年たっても平仮名を二字か三字かしか、よめるようにならない子どもも、私の学級にはいます。（中略）そんな子どもの親たちが、せめて平仮名のよみかきだけは－とねがって、学校に出している気もちを考えると、どうしてもずばりとやれないものがあります。
> 　さりとて、この子たちがおとなになって、文字のよみかきだけによって、生きてゆくというようなことは、どうしてもおしはかれません。よみかきや計算が、この子どもたちのゆくすえの生きる手だてとはならないのです。
> 　またよみかきが、この子どもたちにとっては、今ただの子どもたちの場合のように、子どもの文化とか教養とかいう、いわば実用とは、いささかひきはなされたものとしては、とりあげられないのです。この子どもたちにとって、よみかきは、何よりも、生きることの助けとなる道具なのです。（中略）だから、ただの子どものためのカリキュラムのあとを追うてゆけばいいというわけのものではないということになります。
>
> （近藤1975, p.186）

60年以上昔の、近藤の指摘である。これを読むといろいろと考えさせられる。職業的自立が叫ばれ、そうした内容が根幹にすえられた「特殊教育」全盛時代の近藤の苦悩が伝わってくる。そして近藤のいうように、知的障害教育のカリキュラムは通常学級と全く同じではないだろう。しかし通常教育で行われている文化や教養に属するような教育も一方で大切にされるべきである。特別支援教育が実施され、通常学級でも配慮をしながら学習を進めていくことになった。特別支援学級においても、通常学級で行われているカリキュラムを、支援の必要な子どもにもわかるように内容を吟味し、教える方法を工夫し、様々な支援や手立てを講じることで、通常教育で行われている学習内容の理解・習得もまた可能なのではないだろうか。「特別支援学級の教育は通常教育とは違うのだ」という立場に立つのではなく、「通常教育で行われている内容を、特別支援学級の子どもたちにもわかるように工夫して教える」という立場に立つことで、インクルーシブ教育の「障害のある者と障害のない者が共に学ぶ」こと、「障害のある者が教育制度一般から排除されないこと」の具体的な実像が見えてくるのではないかと思う。したがって、特別支援学級においても、いままで述べてきた国語の学習を進めることが、インクルーシブ教育につながる方向の一つであると私は感じている。

引用参考文献

新井英靖・高橋浩平（2008）『特別支援教育の実践力をアップする技とコツ68』黎明書房

江口季好編（1994）『心身障害学級・養護学校詩文集　ことばを生きる力に　第1集』同成社

近藤益雄（1975）『近藤益雄著作集2』明治図書

（高橋　浩平）

第2章
小学校② 自分の生活につながる国語の授業づくり

1. はじめに

「みんな、しりとりしよう。」「いちご。」「ご、ご、ごりら。」「ポン太の自動販売機しよう。」「いいよ。僕は、ポン太になる。」休憩時間に児童の楽しそうな声がする。担任していた知的障害特別支援学級（ひまわり学級）では、国語科の授業で物語を学習すると、その物語について児童が興味・関心をもち、まねっこブームが起きていた。学習した内容を用いて休憩時間に遊ぶ姿が見られると、とても嬉しい気持ちになる。学んだことが授業の中だけで完結してしまうのではなく、日常生活の中で友達と豊かに関わる力につなげていきたいと思いながら授業づくりを進めてきた。

知的障害のある児童の学習上の特性としては、学習によって得た知識や技能が断片的になりやすく、実際に生活の場で応用されにくいことや成功体験が少ないことなどにより、主体的に活動に取り組む意欲が十分に育っていないことなどが挙げられている。また、実際的な生活経験が不足しがちであることから、抽象的な内容の指導よりも実際的・具体的な内容の指導が必要であり、効果的であるといわれている（文部科学省2009）。

また、通常の学級の国語の授業のように、教科書のはじめから単元を順番に教えていく方法では、どうしても現実的な生活から離れた指導に陥りがちになり、更には少人数とはいえ児童の個々の実態（獲得してきた知識や技能、生活経験など）の幅が広いため、個々の実際の生活と、単元の内容が結び付かないことなどが課題として指摘されている（大南・吉田・石塚2005）。

そこで、国語科で学んだことを生活の中で生かすことができるように、①

児童の興味・関心や生活経験に結び付けること、②学んだやりとりをコミュニケーション力につなげること、③劇遊びなどを取り入れて、登場人物と同じ経験をすることを通して、書かれている内容を理解させることの3点を心がけて授業づくりをすすめてきた。

2．ことばで遊ぶ

(1) 授業の概要

平仮名の習得前の段階である、文字化以前の指導では、児童の興味・関心を大切にし、反復練習に終始するのではなく、練習方法に変化をつけたり、ゲーム化したりして楽しく学習できることに留意して指導した。

(2) 学習活動の実際

知的障害特別支援学級在籍で、平仮名の習得前の第1学年児童1名、平仮名を習得中の第1学年児童1名、第2学年児童1名を対象に、絵カード等を活用し、言葉で遊ぶ学習を行った。

まず、単語がいくつの音で成り立っているか、一緒に考える学習をした。「言葉集めしましょう。しましょう。しましょう。言葉集めしましょう。今日は……3文字。」と教師が歌い、課題を提示する。最初の段階では、絵カードにその名称を平仮名で記入し、一文字ずつ○で囲んだものを提示する。（写真①）児童は、○の数を数え、3文字の言葉を見つける。その後、「お・で・ん。」と声に出して読みながら、手拍子をする。様々な絵カードを増やして、同様に繰り返し、並べてあるいくつかの絵カードの中から、3文字の言葉の絵カードを5つ集めたら終了するという流れで行う。

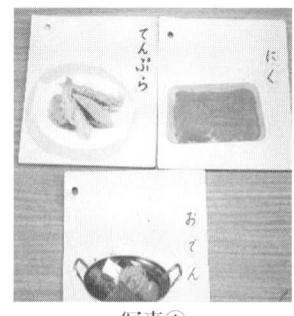

写真①

次の段階では、絵カードは提示せず、ホワイトボードに○○○と3つの丸を提示して、3文字の言葉を考えさせる。児童は、指を折って数えながら、3文字の言葉を探して、「こ・く・ご。」と声に合わせて手拍子をする。その言葉を板書し、全員で確認する。（写真②）最終段階では、「3文字の言葉を

集めましょう。」という課題提示のみで、特にヒントがなくても、見つけることができるようになった。

この学習と並行し、絵の名称に合わせ、一文字ずつになっている平仮名ピースを選び、名称を完成させる学習も行った。（写真③）絵の下には、「らいおん」と平仮名が書かれているので、文字と文字のマッチングでできるようになっている。また、平仮名を完全に覚えていない段階でも、絵に助けられ、「ら」、「い」、「お」、「ん」と声に出しながら、文字を選ぶことを繰り返すうちに、読める文字が増えていく効果もあった。今後の類別につなげるため、動物シート、乗り物シート、野菜シートなども作成した。自分一人で完成させたり、ペアを組んで交替で文字を選んで完成させたり、家庭学習で取り組んだりと、少しずつ変化をつけたため、児童の学習意欲を持続させることができた。

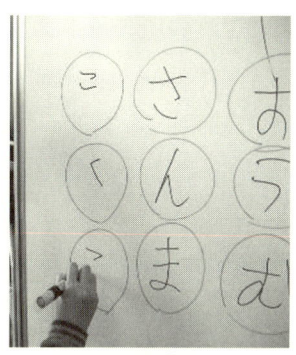

写真②

写真③

3．平仮名の習得～歌って触って覚えよう～
(1) 授業の概要

平仮名の読み書きについて初めて学習する知的障害特別支援学級第1学年児童を対象に、楽しみながら平仮名を習得することができることをねらいとした授業を行った。

児童の実態は、自分の名前に使われている平仮名は読むことができる。また、文字を書く経験はほとんどなく、指の力が弱かったため、サインペンを使用して線の上をなぞり書きすることから学習を始める状態であった。歌を聴いたり、歌ったり、絵本の絵を見たりすることに非常に興味・関心を示していた。

そこで、文字を書く学習活動は可能な限り少なくし、リズミカルに歌を歌ったり、紐で書いた文字をなぞったりする学習活動等を多く取り入れるなど、文字を書く練習に入るまでの学習方法を工夫した。教える平仮名の順序は、画数が少なく、字形が単純である平仮名から教える方法や50音の順番に教える方法等様々あるが、今回は50音の並びを意識させるため、「あ」から順番に「ん」までを1時間に1文字ずつ教えるようにした。
　また、習得にあたっては、絵と名称の一致を取り入れた平仮名パズルの活用、カルタ遊び、文字を書いて覚えること等を並行して、平仮名の読み書きの定着を図った。

(2) 学習活動の実際

　児童自身に、平仮名の学び方について、毎回、以下のような流れの学習パターンで行い、手順の見通しをもたせた。か行の学習が終わり、さ行からは、自分から進んで、手順通り学習を進める姿が見られるようになった。

---

①大型絵本を見て、リズムに乗ってなぞり歌を歌う。
　複数名の児童への指導でも使用でき、見えやすいように、『もじかき歌ひらがなカルタ』（太郎次郎社）の一枚一枚をA3に拡大し、4つ切り画用紙に貼って、作成した読み聞かせ用の大きな絵本（写真④）を提示し、「ドン　ドン　ドンドンドン」と言いながら、大型絵本を開く。次に、「あのつく　ことばは　なんだろうな」などと、リズムにのってなぞり歌を一緒に歌う。

②なぞり歌に合わせて、絵本の大きな文字を指でなぞって、形と筆順を知る。
　最初に、教師が歌いながら、絵本の大きな文字をなぞり筆順を示す。その次に、教師の歌に合わせながら、児童が指でなぞり、文字の形と筆順をつかむ。（2～3回繰り返す）

第2章　小学校②　自分の生活につながる国語の授業づくり

③教師の歌に合わせたり、自分で歌ったりしながら、プリントの紐でできた文字を指でなぞる。

　一画目は赤・二画目は青・三画目は緑……と統一し、その色の細紐を貼った個人用のプリント（写真⑤）を児童へ渡し、教師の歌に合わせたり自分で歌ったりしながら筆順を確認する。その後、文字を3回プリントに書き込み、絵に色を塗る。

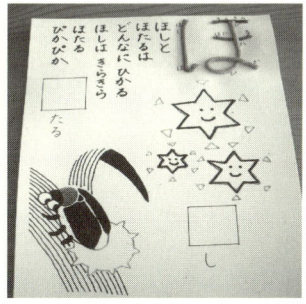

写真④　　　　　　　　　写真⑤

　平仮名の学習方法に慣れ、習った平仮名が増えてきた段階で、ノートに書く練習へとつなげた。ノートには、あらかじめ蛍光ペンで一画目、二画目の細紐と同じ色で書いて準備しておき、蛍光ペンの上を鉛筆でなぞる練習を続けた。練習する回数と文字数は、無理なく楽しかったと終われる量をして、1回以上で3文字以上というルールを提示し、プラスアルファについては、児童に決めさせるようにした。その日によって量は異なるが、4月〜2学期末まで自分で決めた量を必ずやりきり、平仮名の清音を全て読み書きできるようになった。

　また、書く練習と並行して、平仮名の習得前に学習で使用していた平仮名パズルを活用して、絵と文字のマッチング、具体物の操作を繰り返すことで、平仮名の定着を図った。拡大絵本と同様にリズミカルに歌いながら、まず文字ピースを見つけ、その次に絵ピースを見つけて合体させるようにした。

　児童に達成感をもたせるため、最初は文字ピース、絵ピースともに2つず

つを提示し、徐々にピースの数を増やした。1学期終了頃には、例えば、「た行」と「な行」を混ぜてマッチングを試みても間違えなくなった。

また、学習した紐つきプリントは、なぞり歌を歌いながら筆順を確認する家庭学習として出すこともでき、繰り返しの学習が児童自身で可能となり、定着を図る上で役立った。

平仮名がなかなか覚えられない場合、他の児童よりもたくさんの回数書かせて覚えさせようにしようと考えてしまいがちである。しかしながら、そのような方法を教師主導で行うと、単調な学習となってしまい、児童の学習意欲がかなり低下してしまう。そこで、ひたすら、「あ、あ、……」と練習させるのではなく、歌、なぞり、パズルのマッチングなど、児童の興味・関心に結び付くような、変化があり楽しい指導を心がけて実践した。集中力の持続が難しい児童は、体を動かしながら、なぞり歌をリズムにのって歌い、歌に合わせて筆順を覚えることができた。また、一定のパターンをもった学習展開を繰り返す中、児童自身が見通しをもって学習に参加するようになった。学習終了後、第1学年児童2名とも清音の平仮名全てを習得することができた。

教師：「た」のつく言葉は何ですか？♪
♪「た」のつく言葉は何ですか？
児童：「た」「た」「た」……「たこ」

このことから、書くこと以外の方法を取り入れることは、児童の主体的な学習、児童の集中力の持続につながり、平仮名の習得に効果的であったと考えられる。

4．物語の世界を楽しむ

　絵本は、絵や文字に興味をもち始めた児童にとって、とても良い教材となる。最初は、絵が主体の絵本からはじめ、文字や単語、短文が読めるようになり、理解できる単語が少しずつ増え、短文が読める段階になると、ストーリーのある絵本が楽しめるようになってくる。場面の様子や登場人物の気持ちを考える時は、自分が実際に経験したこと、テレビ、書物などを通して間接的に体験したことがベースになる。担任していた児童にとって、物語の世界を楽しむには、絵本の内容に、児童自身ができる限り、直接経験したことに重ねて考えられる内容、又は直接経験でき、その後も活用できる内容が含まれている絵本を選定することが効果的であると考えた。

　そこで、国語科の読み聞かせ教材の選定にあたって、「おはなし　ききたいな」の単元を年間を通じて設定し、楽しみながらイメージを広げると同時に、自分の生活に結び付けることができる内容（やりとり）が書かれている絵本を選び、劇遊び等を通じて直接体験することを必ず取り入れた単元計画を立て授業を実践した。また、その絵本の中のやり取りを通じて、語彙を増やすこととコミュニケーション能力の育成を図り、自分たちの生活につなげて考えたり、学んだことが自分たちの生活にいかすことができることを意識し、生活単元学習との関連を図った。ここでは、２年間の取り組みから三つを取り上げて紹介する。

(1)　**実践「おはなし　ききたいな〜しりとりをたのしもう〜しりとりの　だいすきな　おうさま」**

　㋐　授業の概要

　この授業では、絵本に出てくるしりとりの場面を劇遊びしながら、①語彙を広げる、②しりとりに関心をもたせる、③しりとりのやり方を理解することをねらいとした。本学級は文字に親しみ始めた時期の児童が多く、自分で読書をするよりも、読み聞かせを楽しむことが多かった。また、言葉だけではイメージがもちにくく、内容や様子の読み取りには挿絵の力が大きく関与している。本学級は文字の読み書きに親しみ始めの児童（第１学年２名、第

２学年１名、第６学年２名）が多く、自分で読書をすることよりも、読み聞かせを楽しむことが多い。児童たちが一番の興味・関心を示す話の内容は、食べ物や動物が登場する話である。文章を読むだけではイメージがもちにくい実態のため、内容や様子の読み取りには挿絵の力がかなり大きく関与している。

　教材は、「生活に生かせるやりとりが入っている」、「食べ物の名称と絵がたくさん出てくる」、「登場人物が少なく、繰り返しがある」などの観点から、「しりとりのだいすきな　おうさま」すずき出版（中村翔子）を選定した。

(イ)　学習活動の実際

　本授業では、物語の内容理解が、最終的には、日常生活において友達との「しりとり遊び」につながっていくことを期待し、絵本に出てくるしりとりの場面を劇遊びしながら、①語彙を広げる、②やりとりを理解する、

【単元構成図】

単元名
おはなし　聞きたいな
〜しりとりを楽しもう〜

目標　　教師と一緒に絵本を読む。
　　　　絵本に出てくる物の名称を知る。
　　　　しりとりのやり方を理解する。

第一次
読み聞かせを聞き、しりとりに興味をもつ。
・あらすじ、登場人物をつかむ。

第二次
　劇遊びを通して、場面の様子をつかむ。
　また、しりとりを理解する。
１場面：王様の家にある物で、しりとりをする。
２場面：夕食の時間のしりとりをする。
３場面：家来の仕返しのしりとりをする

第三次　自分たちがしりとりをして楽しむ。

第2章　小学校②　自分の生活につながる国語の授業づくり

③話の内容理解をすることをねらいとした。
◆教材・教具の工夫……語彙を増やす・しりとりの理解
　絵カードと実物の一致（マッチング）、実物と文字カードの一致、絵カードと文字カードの一致を授業の中に、随時取り入れることにより、絵本に出てくるものの名称を知り、語彙を増やすようにした。
　教具として、各自が具体的に操作しながら繰り返し学習できるよう、文字カードと絵カードを持たせた。（写真⑥）最初は、絵本の挿絵や板書を見ながら、そして徐々に何も見なくても、絵カードと文字カードが一致するようになり、最終的には全員がものの名称を覚えることができた。
　また、この物語のベースとなっている「しりとり」の仕組みを理解させるため、ことばのしりの音節（語尾）が、次のことばの頭である初めの音節（語頭）になることを視覚的に理解できるような教材を作った。（写真⑦）
　まず、語尾・語頭の音節に同じ色をつけ、意識しやすいようにした。次に、語尾の音節を取り外して移動できるようにした。全体学習の場で、黒板に提示し、教師が語尾を取り外して、しりとりでつながる語頭の音節に重ねる見本を示し、その後、各自が見本通りに文字を移動させるようにした。（写真⑧）
◆直接体験……劇遊びを通してのやりとりと内容の理解
　この話には、「しりとり」を使って、

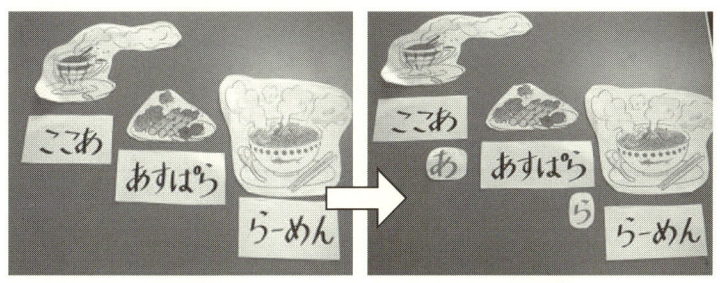

写真⑥

写真⑦　　　　　　　　写真⑧

103

家来へ自分の食べたいものを要求するしりとりの大好きな王様が登場する。ある日、困った家来たちが知恵を働かせ、しりとりを使って２つの食べ物を交互に出し続け、王様を降参させてしまう話である。

　劇遊びの中で、児童は家来役になり、しりとりの順に王様役（教師）へ食べ物を持っていく場面を繰り返し行った。「トースト」「トマト」「トースト」「トマト」……のように、「トースト」と「トマト」の二つを交互に王様へ持って行き降参させる場面では、実際に自分たちが演じることを通して、読み聞かせだけの時には分からなかったおもしろさに気が付くことができた。

◆自分たちの生活につなげる……やりとりの活用

　絵本から学んだ「しりとり」遊びを今後の自分たちの生活につなげることができるように、単元のゴールにしりとり大会を設定した。

　絵本の中の場面を劇遊びで直接体験するうちに、自分たちでも「しりとり」をやってみたいという思いが強くなっていたため、どの児童も意欲的に取り組んだ。しりとりを少しでも長く続けることができるように、配慮事項として、「あ」のつく言葉、「い」のつく言葉等をそれぞれカードにまとめ、カードを見て考えても良いルールを加えた。それぞれが獲得している語彙数は異なる集団であるが、ヒントを活用しなくても自分で考えた言葉をつなぐことができる児童、思いつかず困ったときには上手にヒントカードを活用する児童、最初からヒントカードを十分活用しながら言葉をつなげていく児童……。どの児童も時間いっぱい学習に取り組む姿が見られた。しりとりのやり方は理解できているため、どの児童も語尾・語頭の文字を意識し、つながる名称を自分で考えて発表することができ、全員が達成感をもてた学習活動となったと考える。

　単元終了後も、朝の会、帰りの会、休み時間や家庭学習などにおいて当分の間「しりとり」ブームが続いた。絵本で学んだやりとりが、絵本の内

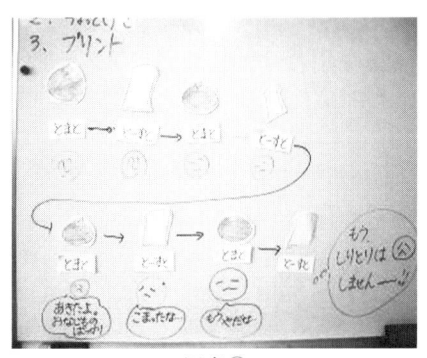

写真⑨

容理解にとどまらず、家族や友達等とのコミュニケーションを楽しむツールの獲得につながり、効果的であったと考える。

(2) 実践「おはなし ききたいな～ぱぱんのぱん～」

　(ア) 授業の概要

　学級の児童（第1学年1名、第2学年2名）は、読み聞かせに関心をもっており、比較的全員が興味を持続しながら最後まで聞くことができる。また、3名とも教師との1対1のやり取りはできるが、児童同士だと自分が話すことに精一杯になり、相手の話を聞いて、そのことに対して受け答えをするのは難しい実態がある。

　本教材「ぱぱんの ぱん」は、森の動物たちが見つけた、のんびり山のてっぺんにある「ぱぱんの ぱんの木」に向かって順番に自分が欲しいパンの名前をお願いして手をたたくと、次々もらえるという楽しいお話である。最後の場面では、パンがなくなった木を見てみんなが考え、全員で手をたたくとパンが元通りのたくさんになり、大喜びする場面で終わる。そのため、幸せに満たされた余韻を感じたまま読み終わることができる内容である。また、3回繰り返されるパンを頼む場面に劇遊び的なものを取り入れることで、動物やパンの木になり、出された言葉と挿絵を照らし合わせながら名称の一致・個数の一致をさせることができる。そして、正しく楽しくコミュニケーションすることもつかませながら話の展開を読み取ることができる教材であると考え選定した。

　(イ) 学習活動の実際

◆自分たちの生活とつなげる

　～生活単元学習との関連～

　本授業では、国語科と生活単元学習の関連を図り、絵本に出てくるぱんの木と動物たちのやりとりの場面を劇遊びながら、物語の内容理解を深めること、そして、日常生活において友達とのかかわり方につなげていくことをねらいとした。

　単元計画を作成するにあたって、国語科の読み聞かせと生活単元学習の『ひまわりパン屋さんを開こう』と関連させた単元構成（図1）を計画した。

まず、自分たちのパン屋を開店するために、生活単元学習で、パン屋に見学とパンの購入へ行った。児童がパン屋に対する興味・関心をもちはじめた段階で、国語科でパンに関係する絵本『ぱん　だいすき』『からすのパン屋さん』の2冊を読み聞かせた。「パン屋さん、いいにおいがしたね。」、「お店と同じパンだ。」など、自分たちがパン屋へ見学に行った体験と重ねながら聞く様子が見られた。挿絵を見ながら、自分が食べたいパン、作ってみたいパンを選んだり、パンの名前を覚えて声に出したりと、何度も絵本を開いて自分たちで読む姿も見られた。その後、生活単元学習でパンを作り、パン屋さんごっこを楽しんだ後、『ぱぱんのぱん』の読み聞かせにつなげた。

ラミネート加工した挿絵を効果的に活用し、登場する動物やパンの名称、場面の順番などを確認しながら、あらすじをつかませた。児童は話の内容とこれまでの一連の学習をつなげて、「なんだか、この木はパン屋さんみたい。」「このパンの木がほしい。」など、「おもしろかった、楽しかった」以外の感想をもつことができた。

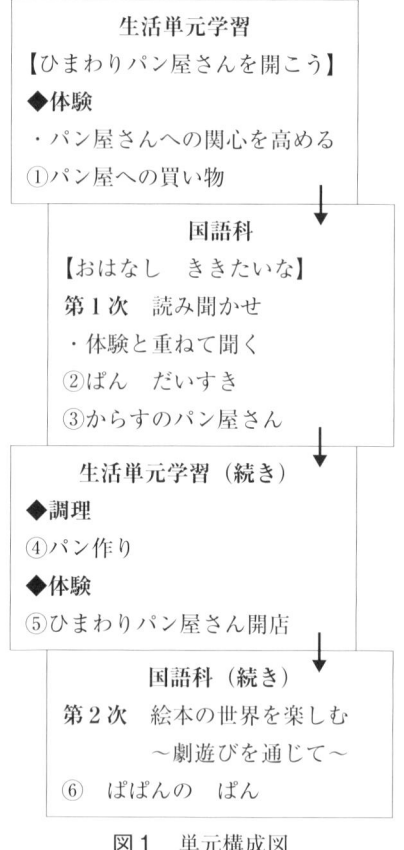

```
生活単元学習
【ひまわりパン屋さんを開こう】
◆体験
・パン屋さんへの関心を高める
①パン屋への買い物
           ↓
国語科
【おはなし　ききたいな】
第1次　読み聞かせ
・体験と重ねて聞く
②ぱん　だいすき
③からすのパン屋さん
           ↓
生活単元学習（続き）
◆調理
④パン作り
◆体験
⑤ひまわりパン屋さん開店
           ↓
国語科（続き）
第2次　絵本の世界を楽しむ
　～劇遊びを通じて～
⑥　ぱぱんの　ぱん
```

図1　単元構成図

◆教材・教具の工夫
　－語彙を広げる－
　絵本に出てくる動物やパンの名称の一致を図ったり、読み取った内容をまとめたりするワークシートは、個に応じて手立てをかえた。
　これまでの学習方法として有効である絵カードと文字カードの一致を今回

第2章 小学校②　自分の生活につながる国語の授業づくり

も取り入れた。
　その後、筆圧が弱く文字を書くことが苦手な児童には、一文字ずつ平仮名が書いてあるシールを準備した。絵カードを見ながら、シールの中から文字を抽出し、絵の横に貼って完成させるワークシートを用いた。その児童は、登場人物の名前を「うさぎのう、う……、さ、さ……ぎ、ぎ、ぎ……。」と一文字ずつ声に出して確認しながら名称を完成させることができた。書くことを苦手とする児童にとっては、抵抗感なく学習に取り組める方法であった。
　また、単語の読みと視写ができるようになった児童には、2つの単語カードを提示して、問題や絵をみながら正しい答えを選ぶようにした。選んだ単語カードをワークシートに貼った後、そのカードの文をワークシートの升目に正しく書き写すことを繰り返した。単元終了までには、登場する動物の名前やパンの名称を覚え、書くことができるようになった。

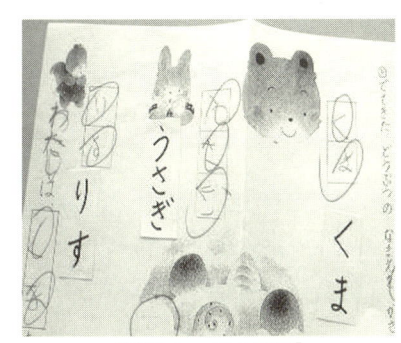

【単語カードの活用】　　　　　　【シールの活用】

◆直接体験
　－劇遊びを通して、楽しみながら、あらすじを理解する－
　話の楽しさやあらすじをつかませるため、劇遊びを取り入れ、実際にパンの木と動物のやりとりを経験させた。
　場面を具体的にイメージできるように、学級のみんなで作成した「ぱんの木」を高い位置に設定した。

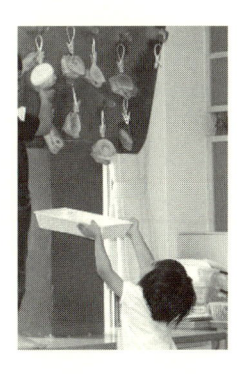

最初は、教師がパンの木の役を演じ、児童を動物役とした。児童には、「○○くださいな。おててを　ぱぱんのぱん」というセリフと、「ぱぱんのぱん」の所に合わせて手をたたく部分の動作化をさせた。自分がお願いしたパンが落ちてくると、児童からは歓声があがった。パンが落ちてくる感覚やもらえる喜びを体験することで、物語の世界に入って楽しむことができたと考える。

◆聞く・話す

－双方向のコミュニケーション－

　この劇遊びは、注文する動物役には、「～ください。」と相手に聞こえるように伝える力、そしてパンの木役には、相手の言葉を正確に聞き、その後、正しいパンを選んで渡す力が必要とされる。普段は、自分の思いだけを一方的に伝えて終わってしまうことが多い実態であったのだが、「ありがとう。」「どういたしまして。」というやりとりが自然と出てくるようになった。また、「何にいたしましょうか。」と生活単元での買い物学習で体験したことと重ねたセリフを発言する児童もおり、イメージを広げながら楽しむ姿が見られた。他にも、パンの木役の児童が動物役の児童を意識して、パンをはずす時に、「(かごを)もっと上にあげて。」「ストップ、いいよ。」など、声をかける姿も見られた。

　絵本の中のやりとりを通して、自分たちの生活経験と結びついた発言が出たり、相手のことを考えた言動が見られたりと、双方向のコミュニケーションにつながる部分が見られた。

　これらのことから、劇遊びの体験は、場面の様子や登場人物がパンをもらった時の喜びや話の楽しさをつかむ手立てとして有効であったと考える。また、生活単元学習と関連させた単元構成は、読み聞かせの内容に興味・関心をもたせると同時に、自分たちの体験と物語の世界をつなげるために有効であったと考える。

(3)　実践「おはなし　ききたいな　～自動販売機ごっこをしよう～ぽんたのじどうはんばいき」

　㋐　授業の概要について

　対象児童は、知的障害特別支援学級在籍の第1学年1名、第2学年2名で

ある。平仮名の読み書きに慣れてきた時期で、単語、短文であれば自分で音読ができる。また、物語や紙芝居の読み聞かせに興味・関心を示しており、挿絵と照らし合わせながら、あらすじや登場人物が分かるようになってきた。また、自分たちの生活経験と重ねることができる内容であれば、おおよそ理解することができる。

教材は、森に住むたぬきのぽんたが村で初めて見た自動販売機に感動し、自分でも作り、その自動販売機を使って、森の動物たちの願いを叶え、最後には、ぽんた自身が友達を得ることができ、嬉しい気持ちになる話である。

自分たちの生活にも存在する自動販売機を媒介とした、さまざまなやりとりの劇遊びを通して、話の展開を読み取り、コミュニケーション力も高めることができる教材であると考え選定した。

(イ) 学習活動の実際
◆自分たちの経験とつなげる
　－生活単元学習との関連－

話のあらすじの理解を促し、主人公ぽんたの気持ちに共感できるよう、生活単元学習「公園へ行こう」の中で、自動販売機を使う経験を3回計画した。「りんごジュース買う。」「お金を入れてボタンを押すよ。」「わー、ジュースが出てきた。」など、3人全員が自動販売機で自分の好きな物を選んで買う喜びを経験をした後、国語科の学習へつなげた。

児童は、読み聞かせを聞き、「駅の自動販売機と一緒みたい。」「葉っぱ違う。お金よ。（この絵本では、お金のかわりに葉っぱをいれて、欲しいものを伝えるようになっているため）」「すごい、ジュースじゃない物も出てくる。」「ぼくも自動販売機作りたい。」とこれまでに自分が経験したことを思い出しながら感想を述べることができた。事前の生活単元学習の体験が、内容に関連した感想を引き出すことにつながったのではないかと考える。

【単元構成図】

生活単元学習【公園に行こう】

◆体験
・自動販売機について、調べたり、実際に使ったりすることで、興味・関心をもたせ、読み聞かせにつなげる。
①公園さがし　　　　②公園までの地図づくり
③自動販売機見つけ
④好きなジュースを買って公園に遊びに行こう

国語科【おはなし　だいすき】

第1次　読み聞かせを通して、主な登場人物の把握と簡単なあらすじの理解を図る。
・絵カードや文字カード、吹き出しなどを活用し、話の流れをつかませる。

第2次　劇遊びを通して、簡単な叙述の理解・内容の理解・語彙の拡充を図る。
・劇遊びを通じて、物語の出来事を実際に体験させ、話の楽しさやをつかませ、内容理解につなげる。

第3次　自動販売機ごっこを楽しむ。
・自動販売機を使って、想像をふくらませたやりとりを楽しませ、コミュニケーションの力を伸ばす。

◆教材・教具の工夫
－劇の大道具・小道具つくりから気持ちや叙述を考える－
　主人公ポンタになりきり、わくわくしている気持ちに共感することをねらって、劇に出てくる自動販売機を実際に自分たちで協力して作る活動を仕組んだ。「○○ちゃんの好きなりんごジュースも出るようにしよう。」「（自動

販売機が）早くできたらいいね。」など3人は会話を弾ませていた。
　また、小道具つくりを通して、「大きい・小さい」、「おそろい」の意味理解を図った。
　まず、自動販売機に入れる木の葉「大きな葉っぱ」「小さな葉っぱ」の部分で、作成した葉っぱ2枚を並べたり、重ねたりと比較させて理解につなげた。また、「おそろいの首飾り」の「おそろい」の意味については、実際にビーズを用いて、見本と色や形の順番がまったく同じである首飾りを作成させた。すると、完成した時に、児童から「いっしょ。かわいい。」という発言が出た。「いっしょだね、いっしょ・おそろいだね。」と説明を重ね、「おそろい」の意味をおさえた。叙述だけでは分かりにくい部分を、実際に作成することで理解につなげることができたのではないかと考える。

◆直接体験
　－場面の様子を具体的にイメージできるように－
　「自動販売機のぽんた」と「動物」のやりとりの場面で劇遊びを繰り返し取り入れ、内容の理解を図った。児童は、回数を重ねていくうちに、ぽんたが困る場面の様子を、腕組みをしながら首をかしげて表現していた。また、いい案がひらめいた場面では、手を打って表現した。ぽんたの気持ちが分かった上で、叙述には書かれていない部分も読み取り、どの児童もぽんたになりきる姿がたくさん見られた。
　登場人物になって、話を再現していくことは、内容理解につなげるためにも有効であったと考える。

5．まとめ
　語彙の拡充や平仮名の習得については、まずは、興味・関心をもたせることから始め、発達段階に応じて、スモールステップで積み上げていくことが効果的であったと考える。また、一定のパターンをもった学習展開の繰り返

しは、児童自身に見通しをもたせ、学習に意欲的に参加することにつながる。特に、物語の内容理解については、劇遊びの中で、登場人物になって実際にやりとりを経験することが有効であったと考える。そして、生活単元学習との関連を図ったことで、自分たちの生活や体験と重ね合わせて考えさせることができた。今後も、児童の生活に結びついた教材を選定し、日常生活で使える力につなげること、そしてコミュニケーション力を高める授業作りについて研究を深めていきたい。

引用参考文献

文部科学省（2009）『特別支援学校学習指導要領解説総則等偏　幼稚部・小学部・中学部』

近藤原理・中谷義人（1995）『発達に遅れがある子どもの国語①ひらがな・単語編』学習研究社

近藤原理・中谷義人（1995）『発達に遅れがある子どもの国語②カタカナ・漢字・文章編』学習研究社

大南英明・吉田昌義・石塚謙二（2005）『障害のある子どもための国語』東洋館出版社

（三寺　美穂）

第3章
中学校・高等学校
思春期の育ちを支えることばの授業

1. 特別支援学級における国語の授業

　筆者は、昭和63年に東京都の中学校国語科教員として採用されたが、配属先は中学校に設置された特殊学級だった。筆者はそれまで知的障害児と関わった経験がなく、通常の学級での勤務を希望していたこともあり、着任当初は、とても意欲的な教師とは言えなかった。専門である国語の授業でも、担当するグループで、個々の発達段階に応じたプリント課題を繰り返し与えた。同じ教室で学んでいても、生徒たちは皆違った内容に取り組み、やり取りは教師との一対一に限定されていた。生徒たちは素直に取り組んでくれたのだが、学級集団でのダイナミックな教育実践に憧れていた当時の筆者自身は、障害児教育に魅力を感じられずに日々を過ごしていた。
　そんなある日、体育の授業を終えて、教室に戻ろうと玄関に入った筆者は、軒先にツバメの巣があることに気がついた。親鳥が忙しく出入りするので、きっとヒナがいるのだろう、などと考えながら、視線を下ろして驚いた。いつの間にか生徒たちが、筆者の横で一緒にツバメの巣を見上げていたのだ。彼らの視線は頭上の小さな営みに見事に集中していて、揺るぎなかった。筆者は再びツバメに目線を戻しながら、それまで感じたことのなかった一体感と幸福感の中にいた。生徒たちと筆者が同じものを見て、一緒に胸をときめかせることができる、という大発見の瞬間だったのである。その後、筆者のグループの国語の授業は「ツバメの授業」として結実していくことになる。
　国語科の目標における二つの大きな柱は「理解」と「表現」だと言われる。「理解」とは、対象を見たり、聞いたり、読んだりすることによって情報を取り

込み、咀嚼して消化して自分のものとする、言わば「input（入力）」の作業と考えられる。一方の「表現」は、自分の内なる情報を、話したり、書いたり、様々な手段を介して発信する「output（出力）」の作業である。各作業には技術が必要であり、その習得は個人差がつきやすい内容であるので、これらは国語科の授業で取り扱う大きなトピックとなっている。しかし、近年の学習指導要領の変遷を概観すると、この入出力の技術に加えて、入力と出力をつなぐ「processing（情報処理）」の重要性がうかがえる。それは新学習指導要領における「思考力」「想像力」「言語感覚」「伝え合う力」といった文言に反映しており、そして、筆者はこの力こそ、子ども同士が仲間と響きあいながら獲得していく、国語科の重要な内容だと考える。

　本稿では、以上のような国語科を取り巻く現状認識を踏まえて、筆者が中学校に勤務した25年間に渡り、試行錯誤しながら実践した特別支援学級における国語の授業を、具体例とともに振り返りたい。だが、その前に、筆者が担当した東京都の中学校特別支援学級で学ぶ生徒の実態を述べておこう。

2．中学校特別支援学級の生徒の実態
⑴「育ちにくさ」を抱えた子どもたち
　中学校特別支援学級に入級する生徒たちは思春期を迎え、精神的にも肉体的にも大きく変化する中で、非常に不安定な状態像を示す。生徒たちの大部分は通常の学級で学習面や人間関係での不適応を起こし、大きな葛藤の末、多様な「育ちにくさ」を抱えた状態で、特別支援学級にやってくる。ここで言う「育ちにくさ」とは、生徒個人が自らを取り巻く環境との関連のなかで感じている「不適応感」であり、その現れ方は怠学、不登校や授業妨害、対人・対物暴力など、さまざまである。言わば、特別支援学級は、通常の学級から離脱せざるをえなかった生徒たちの避難所という性格を有しているのである。

　また、通常の学級への不適応を前提としている学級であるため、生徒のほとんど全員が自分に対してとても低い評価を持っている。自分たちは通常の学級に適応できない「ダメな人間」だと思い込んでいるのだ。

　そこで彼らに対する働きかけは、不適応の結果、定着しなかった学力を高

める一方で、人間関係の面でも自己評価を高め、「自分はまんざら捨てたものではない」という確信を持ってもらうことを目ざす。授業実践は、生徒たちとの日々の関わりの中で、これらの「育ちにくさ」に寄り添い、少しでも自尊感情を高めるような取り組みを生み出し続ける必要があると考える。

(2) 将来の展望を持てない子どもたち

　中学校は義務教育を終了する場所である。現在は大部分の生徒が高等学校や特別支援学校高等部へ進学するが、その進路選択にあたって、生徒に将来の夢を尋ねても、知的に高い生徒ほど「わからない」と答える。失敗体験の積み重ねから、自分の願いは実現されないと考えているのだ。彼らは「叶わない願いなら願わない方が傷つかずにすむ」という考え方を学習してきたと考えられる。

　進路の検討にあたって、教師は生徒の個性・特性、学力、障害や疾病の状況などに加えて、生徒の家庭環境や進学先のサポート状況（生徒の学校生活をどの程度支援するか）等を考慮する。教師は生徒の将来像（企業等への就労が可能かどうか、家族から独立するかどうか等）も、なるべく具体的にイメージしようと努力するが、先行きが不透明な現状では、将来を語ることは難しく、目の前の「明日」や「今日」をどう充実させるか、という程度の提案になってしまう。この生徒たちが、卒業後に、就労という目標に向かって一直線に走る流れに適応できるのだろうか、という不安を抱えての進路指導である。筆者は、義務教育を終了した彼らに、慌てずに環境と折り合いをつけながら、ゆっくりと社会人に移行してほしいと願っている。子どもの長期的な成長を目指すキャリア教育の視点からも、今後はこの考え方が重要になると考える。

　また、筆者は、将来生徒が社会に適応する際に発生するつらさを緩和する仕組みや、理解しあえる仲間を作り維持する等の「生きる意欲を再生産する」ことの大切さも伝えている。がんばり続けて、くじけた時に、自分を癒し、力を蓄え、次の出発に備える方法を生徒ひとりひとりが学ぶ必要があると考えている。

以上のような問題意識を踏まえて筆者が行ってきた教育実践を次に紹介したい。

3．国語の授業づくりの視点

まず初めに、筆者が国語の授業をつくる際に大切にしている3つの視点を提起したい。

(1) 生活・学習の基盤となる国語

前項で述べた入出力作業の技術習得に関わる内容である。家庭や学校において日常的に必要度が高いと思われる文字（ひらがな・カタカナ・漢字・アルファベット）や語句、挨拶、季節のことばなどを、場面を設定しながら網羅的に学習に盛り込む。知的障害のある子どもの場合は、ひらがなをすべて習得してから漢字の学習に入るといった学習の順序にはこだわらずに、子どもが興味をもって学習できる内容に適時的に取り組むことが重要である。

また、必ずしも国語の授業場面だけでなく、学校生活の中で意図的に、使用する語句等を設定しながら指導する。覚えた語句等を、子どもが積極的に使いたくなるような意欲を育むことが大切であり、ここで学んだ内容が、その後の国語学習の基盤となる。

【指導内容例】朝の会での取り組みと連動させる（今日の授業内容の確認、前日の出来事の報告、季節の歌、日課帳の記入等）、ひらがな（読み書き、単語として、毛筆を使って）、カタカナ（洋食メニュー、スポーツ、キャラクターの名前等子どもの興味から）、毎日の挨拶、学校の周りの自然の変化等をとらえた季節の言葉

(2) 伝達・思考の手段としての国語

外部からの働きかけ（情報）を自分の中に取り込み、それを理解した上で、思考し、判断し、新たな価値を創造して、外部に対して表現するまでの一連のコミュニケーション技術の学習である。(1)の基盤的な国語学習に対する応

用学習であり、抽象的な概念も含まれる。また、思考や判断の過程では、自分の頭の中で自分と向き合って対話をすることになるので、論理的科学的な知識の蓄積と豊かで安定した人間性を培うことが必要になる。

　障害によるコミュニケーション制限とも直接的に関わる分野であり、視覚・聴覚・肢体不自由・発達障害等における自立活動の支援技法とも関連する。自ら表現する内容が仲間集団や社会にどう受け入れられるのかを考えて発信する必要があることから、個別指導だけでなく、集団による学習も大切となる。

【指導内容例】文章の読み取りと内容理解、語句の意味と用法、熟語・ことわざ・慣用句等の意味と用法、敬語の使い方、物語の登場人物の感情の読み取り、日記・報告文・感想文を書く、話し合い活動、場面に合った失礼のない話し方

(3) 芸術文化・国際感覚の担い手を育てる国語

　日本に息づく優れた伝統文化や海外の多彩な文化とさまざまな方法で触れさせ、子どもたちの人格形成を進め、また彼ら自身を文化の伝承者として育成することを目指す内容である。優れた文学作品には特別支援教育に学ぶ子どもたちにとって読み取りが難しいものも多いが、映画やアニメ化されたものを見たり、戯曲化された作品を実際に演じてみるなど、工夫することができる。百人一首等を通して、日本古来の文章に触れさせることも大切である。絵画・彫刻等の美術作品や器楽や合唱等の音楽作品を味わい、鑑賞文を書かせることもできる。新聞記事の読み取りやニュース・旅行番組の視聴、旅行のパンフレットなどを読むことで世界の中の日本を意識することも良いだろう。授業者のさまざまな工夫によって、子どもたちの世界を縦横に広げることができる。

> 【指導内容例】良質な児童文学の読み取り、映像・美術・音楽作品等の鑑賞文、短い古典の読み取り、新聞記事の読み取り、ニュース・旅行番組等の視聴と感想、劇遊びから演劇へ

4．国語の授業づくりの留意点

　続いて、筆者が国語の授業をつくる際に気を付けている3つの留意点について触れておきたい。

(1)　発達状況・障害特性から見る授業づくり

　授業内容を選定し、授業方法を考える際に重要になるのが子どもの発達状況、障害特性、生活年齢である。まず、子どものアセスメントのプロフィールから、発達状況を理解する必要がある。視覚優位か聴覚優位か、文字の理解の状況、記憶の得意不得意等の情報を考慮しながら、個別に適した指導法を考えていく。前述した通り、障害種による特性によっても指導法は異なる。各障害の自立活動の内容と関連づけながら取り扱う必要がある。

(2)　生活年齢から見る授業づくり

　子どもの生活年齢を考慮することも大切である。思春期・青年期を迎える子どもたちに、発達課題に合っているからと、幼児と同じ教材を使い続けることは、望ましくない。できる限り若者にふさわしい教材を用意したい。絵本の中にも思春期の心の揺れを描いた作品はあるので、子どもたちが共感できる教材を選定してほしい。

(3)　個別指導と集団指導の併用

　国語の授業形態は指導内容によって決まる。個別の学習課題を中心に考えれば、教師と子どもの一対一の授業が望ましい。しかし、子どもの成長に伴って個別指導だけでは学習意欲が継続しなくなる。理解と表現の間をつなぐ学習では、常に他者との関わりを考えなければならない。発達段階の近い少人

数のグループや多人数での学び合いも大切である。また、内容によっては、障害のない子どもたちとの大きな集団での合同授業等も教育効果があるだろう。このように国語の授業形態においては、個別指導と集団指導を指導内容に応じて適切に併用することが望ましい。続いて、筆者が中学校特別支援学級で実際に行った国語の授業から実践事例を紹介する。

5．国語の授業の実践事例
⑴　人を好きになるということ

　姉妹で在籍する生徒による暴力行為に悩まされた時期があった。彼女らは、大好きな女性の先生が来るのを心待ちにしていたが、いざ姿を見ると一気に興奮して、先生に跳びかかり殴り倒した。先生に注意されると今度は大泣きして授業に参加できない。毎回落ち着いた後に謝罪するのだが、次の時にはまた同じことを繰り返した。観察する中で、姉妹が自分たちの感情の高ぶりを持て余すと同時に、好きな人に対してどう振る舞うかがわからないのではないかと仮説を立てた。そこで、国語の授業で文学教材と出会わせながら、人を好きになることのすばらしさや、その気持ちを表現し、その感情を相手と共有する楽しさを学ばせる実践に取り組むこととした。

　㋐　授業のねらい
◆テーマに共通性のある文学作品に触れ、その内容を理解する。
◆作品を読んだ感想や自分の意見を発表し、また、友達の感想、意見を聞いて自分の考えをまとめる。
◆自分の生活や行動を振り返り、とらえ直しをする。
◆自分の言葉で、自分の気持ちを文章に表す。

(イ) 授業計画（全13時間）

	テーマ	使用教材	授業内容
第一次	人を好きになるってどういうこと？	「しろいうさぎとくろいうさぎ」	(a)テキストの読み取り（2時間） (b)くろいうさぎの気持ちを考える。（2時間） (c)自分の好きな人とその理由を考える。（2時間）
第二次	好きな人と何をしたい？	「あらしのよるに」「あるはれたひに」	(a)テキストの読み聞かせ（1時間） (b)人と食べ物の好きの違いを考える。（1時間） (c)好きな人と何をしたいか考える。（1時間）
第三次	好きな人にきらわれたくない。	「まねっこルビー」	(a)テキストの読み聞かせ（1時間） (b)ルビーがなぜまねをするかを考える。（2時間）
第四次	まとめ「人を好きになるということ」	なし	(a)「人を好きになるということ」というテーマで作文を書く。（1時間）

(ウ) 生徒の変容

●第一次　『しろいうさぎとくろいうさぎ』を読み、うさぎたちの表情、動作などに着目させた。しろいうさぎと過ごす幸せな日々が終わる不安に悩むくろいうさぎの表情を、姉妹は的確に読み取り、次のように書いた。

　　姉「（一緒に）なれないと思っているから悲しそうな顔をする」
　　妹「自分の言葉で（好きだと）言えるか心配だから」

　発言から、くろいうさぎの不安と自分たちの失敗体験を重ねて理解している印象があった。

●第二次　『あらしのよるに』『あるはれたひに』を読み、「好き」という言葉の意味を考えさせた。

　好きな人と何をしたいかを考えていた時に、姉が前述の先生と遊びたいと

第3章　中学校・高等学校　思春期の育ちを支えることばの授業

いう発言をした。筆者が「もし先生に断られたらどうする？」と尋ねると、姉は「もう絶交って言う」と答えて、クラスの他の生徒から非難されてしまう。それを聞いた妹は「また今度遊ぼうねって言う」と姉と違った発言をした。姉妹はお互いの発言について、深く考えた末、次のように書いた。

　　姉「もう嫌いって言わないから。本当に、先生（のことが）好きです」
　　妹「（姉は）どうしていいかわからなくて、嫌いって言ってしまった」

●第三次　『まねっこルビー』を読んだ。主人公の転校生ルビーは大好きな友達アンジェラのまねをする。ルビーにとって、まねっこは大好きなことを示す感情表現の方法なのだが、まわりの子どもたちは理解できず、しつこくまねをするルビーを嫌うようになる。やがてルビーは勇気を出して本当の自分を表し、仲間に受け入れられる、という物語である。好きな人に好きと言えず、思い余って、まわりに受け入れられない行動に出てしまう、という点で姉妹とルビーは似ていた。多くの生徒がルビーのまねっこを嫌がらせととらえる中で、姉妹はルビーの心情を的確に理解した。

　　姉「（ルビーは）恥ずかしいから（好きと）言えなかった。まねっこなんかやっちゃだめでしょう」
　　妹「（アンジェラが）怒った時（ルビーは）泣いたから、緊張して（好きと）言えなかった」

●第四次　ふたりは自分たちの思いを作文の中に表現した。

　　姉「先生が好きです。やさしいところが好きです。かわいいところが好きです。パニックになるとやめられなくなることです。もうそんなこともやめるぞ。本当に先生のことが好きです」
　　妹「T君が好きです。嫌いって言われたらいやです。小学校の時はM君が好きでした。でも嫌いって言われて泣いちゃった。今も好き。会うとうれしいです。T君ともっと仲よくしたい。T君が一番好きです」

　授業後、姉妹の暴力行為は急速に改善した。物語の登場人物と自分たちを重ね合わせることで、一定の客観性を保ちながら、自らの行動を見つめ直すことができたのではないかと推測している。

(2) 通常の学級に過剰に適応する生徒

　男子生徒Ａ１名の特別支援学級を立ち上げた時のことである。小学校からの引き継ぎではＡの学力は小学校低学年程度。運動面は平均以上に優れている。性格は温厚で通常の学級の生徒との人間関係も良好ということだった。

　新学期早々、Ａは通常の学級の生徒たちと一緒にアンケート用紙に回答を記入していた。筆者はその様子を見て驚いた。Ａは回答欄に、質問文をそのまま転記していたのだ。呆気にとられる筆者を尻目にＡは黙々と回答欄を埋めていく。やがて通常の学級担任が「はい、やめて」と全体に声をかけた。Ａは反応せず、まだ書き続けている。ところが、隣の席の生徒が鉛筆を置いた瞬間、Ａの手はピタッと止まり、鉛筆を置いたのだ。彼は音声による全体への指示に反応するのではなく、周囲の生徒の動きを視覚的に察知して、それをすばやく模倣して行動したのである。

　Ａは、保育園入園以来、この同年齢集団の中で、みんなと同じように遊び、学び、生活することを目標にして成長してきたと考えられた。小学校入学後、友人たちとの能力差が大きくなるに従い、この目標が実質的に困難になり、その結果、Ａは通常の学級の集団の中で表面的に形だけ「同じように」なることを学習し、聞いてすぐに理解できないことは、「わからなくても気にしない」ことを学習したと思われた。このことがＡの学習意欲、学力の低さに多大な影響を与えているのではないかと考えられた。

　また、人間関係の面でも、気を許した大人には非常に饒舌なのに対し、通常の学級の中では、必要なこと以外口をきかなかった。同年齢集団に対しての苦手意識が感じられた。

　そこで筆者は、Ａを彼自身が表面だけでなく実質的に「同じように」なれる同年齢集団に所属させることを考えた。隣町の特別支援学級に週一日、Ａともども通うことにしたのである。同じ障害のある友人とともに学習する中で「わかりたい」「がんばりたい」という意欲が身に付けば、それが、本校での学習や人間関係にもよい影響を与えるのではないかと考えたのだ。

　交流が始まると、Ａはすぐに打ち解けた。仲間の中でがんばり、それを評価、賞賛されることで、学習への集中は増していった。特に体育面では、１年生

ながら素晴らしい活躍を見せ、特別支援学級の大会で入賞を果たした。その情報を知った本校の通常の学級の生徒がAにお祝いの言葉をかけるなど、Aにとって喜ばしい出来事が続き、さらなる意欲につながった。

　1年後、Aは学習への意欲が向上し、また成果が上がったことから自己肯定感を強く持った。自信がついたことで新しい分野にも積極的に取り組むようになった。通常の学級との関係でも「わからないことを気にする」行動が少しずつ見られてきた。同じように悩み、共感し、ともにがんばる仲間の存在が、とても重要だと確認できた事例である。

⑶　イソップの授業とマイ・イソップづくり
　やはり生活指導に頭を悩ませている時期に、生徒が物語の登場人物と自分を重ね合わせられる物語教材に取り組みたいと考えた。しかし、この時は登校しぶりの生徒が多く、彼らは文章の長い教材では、自分が休んだ時に授業が先に進んでしまうので、それだけで、授業へのやる気を失ってしまった。そこで、道徳的教訓的であり、かつ一回読み切りで完結できるような短い教材を探しているうち、イソップの話にたどりついた。本を入手して読んでみると、紀元前6世紀の教訓は現代にそぐわないものが多かったので、プリント教材を作る段階で、新たな賢人トールを創造して、現代風のソフトな教訓を付け加えることにした。

　授業では、本文を音読し、新出漢字の練習、語句や慣用句などの意味調べをした後で、題名を考えさせ（内容の要約）、イソップやトールの教訓を参考に自分なりの教訓（内容理解、感想）を書かせた。そして最後に、自分の体験から考えたオリジナルのイソップ物語を書いてもらったところ、多くの作品が寄せられた。以下、2作品を紹介する。

カラスとハゲタカ
物好きなカラスが、ハゲタカに聞きました。
　「ハゲタカさんの頭は、いつもどうして、そんなにつるつるしてるんですか？
　　ハゲ頭は気持ちいいんですか？」

ハゲタカは「自分で試してみるといい」と言って、カラスの頭の羽を、くちばしで全部むしってしまいました。カラスはハゲタカと同じ、ハゲ頭になりました。どんなに気になったからと言って、相手の体のことをあれこれ聞くと、いつか自分もひどい目にあうのです。

プールに入れなかったウサギ
　あるウサギが、学校へ行くときに水着の入ったバッグを持っていくのを忘れてしまいました。学校に着いて、水着を忘れたことに気がついたウサギは、忘れ物をしたことを怒られるのが嫌だったので、先生に「今日はおなかが痛いので、プールを見学します」と言いました。
　すると、間もなく、忘れ物に気がついたウサギのお母さんが学校に水着を届けてくれました。ウサギは、これで大好きなプールに入れると喜びましたが、先生はお母さんに
「この子はおなかが痛いと言っていますので、今日はプールに入らない方がいいでしょう」と言いました。
　このように、へたなウソをつくと、かえってひどい目に合うものです。

　彼らの生活は教訓に満ちていた。その多くは苦い思い出なのだが、イソップ物語として書き直すことで、仲間と一緒に笑い飛ばすことができる。このマイ・イソップづくりは生徒たちに好評で、その後何年も継続して行われた。

(4)　道案内と取り扱い説明書
　この授業の目的は、生徒たちに、自分の思いを人にわかってもらう体験をさせることである。生徒たちは人生の中で、自分の思いは家族や友達にわかってもらえない、という経験を積み重ね、「どうせ話しても共感してもらえない」というあきらめの気持ちを培ってきた。自分を傷つけないためには、自分の思いは外に出さず、自分の内部に押し殺してしまう方が安全である、という習慣を学習してきた。これは言わば必要に迫られて体得した生活の知恵である。
　しかし、早い段階でこのスタイルを身に付けた子どもは、自分の思いを伝

える技術の習得を放棄してしまう。必要のない無駄な知識と判断してしまうのである。そこで、この授業では、自分の頭の中にある考えを、正確に相手に伝える練習をし、「こうすれば相手にわかってもらえる」という実感を積み重ねた上で、自分の思いやつらさをスキルの力を借りて表明することに取り組んだ。技術を高めていく中で、自分の思いを伝えられた、という成功体験を重ね、もっと伝えたいという意欲を醸成していこうと考えた。

(ア) 道順を説明する（道案内）5～6時間

(a) 学校の内部に詳しくないお客さんを生徒玄関からクラスまで案内するための説明をする。生徒の説明にしたがって、教師が黒板に見取り図を書いた。途中に広い場所があり、単純に右折、左折という説明ではわかりにくい。安易に「まっすぐ」という言葉を使いすぎることに気づく。目印になりそうなものの名称がわからなくて、止まってしまう。自分がよくわかっている順路なので、言語化して説明するのがもどかしい。

(b) 次は最寄り駅から学校までの道順を、前回同様、言葉で説明し、教師が黒板に図で描いた。駅前にいる人に、見えるはずのない目標を指示する生徒が続出。「ずっとまっすぐ」を連発する生徒。一瞬で長距離をワープしてしまう説明。苦し紛れに「タクシーを拾う」「コンビニで聞く」「市内循環バスに乗る」等の発言が多数あった。

(c) 学校までの案内図を拡大して示す。生徒たちにもプリントにして配布し、「目に見える目標」「ワープしない説明」を目指して説明を考える。コースは生徒に任せる。大部分の生徒が駅近くのハンバーガー店を第一目標にしていたが、行事で駅に集合した際に、実は店が駅から見えないことを生徒が発見し、その後の授業でさらに細分化された目標が設定された。

(d) 全員の道順ができたところで、お互いの作品を発表する。選んだ目標の違いや、説明のわかりやすさなどを意見交換した。

(イ) 取扱説明書を読む。（3～4時間）

(a) 黒板消しクリーナーの取扱説明書を印刷して配布し、一緒に読んでいく。

(b) 「安全上の注意」が冒頭に来ていることに気づかせ、警告・注意等のマークとともに内容を読み取らせる。「たばこの吸い殻を吸わせない」「水洗いや風呂場での使用はしない」等のありえないような注意がある理由を考えさせた。
(c) 「各部の名称」、「お手入れ方法」、「故障かなと思ったら」、「アフターサービスと保証」などの項目を読み進め、取扱説明書の機能を理解していく。
(ウ) 自分の取扱説明書を作る。（3～4時間）
(a) 取扱説明書の各項目を活かして、自分の取扱説明書を書く。自分の課題を次々に書いていくが、自分でそう思っている生徒もいれば、家族や周囲の人に日常的に注意されている内容として記憶にとどめている生徒もいる。
(b) 「故障かな」のコーナーでは、人に指摘される課題に対して、自分としてはこうとらえている、という内容が多く、大部分の生徒が自己の課題を認識していることが明らかになった。また、それを嫌がらずに、おもしろおかしく、仲間の前で発表できたことがすばらしかった。

(5) 五・七・五づくり

　行事の後は生徒に作文を書かせる絶好のチャンスだ。しかし、特別支援学級は、クラスの行事だけでなく、学校行事や、特別支援学級同士の連合行事等もあり、同じ時期に行事が重なってしまう場合がある。すべての行事について作文を書かせることに、生徒は負担を感じるかもしれない。また、国語の授業時間を、作文のためだけに多く割くわけにはいかない、という教師の側の事情もある。
　そんなある時に思いついたのが、五・七・五だった。行事に際しての自分の見聞や感想、気持ちを17文字で表現してもらう。あえて、川柳とも俳句とも言わずに、五・七・五と呼ぶのは、生徒に苦手感を持たせない工夫である。生徒には、作品の文学性、芸術性は問われないので、一つの表現方法として、気軽に創作してほしい、と伝える。あくまでも作文の一形態というスタンスを強調する。

生徒たちは、初めこそ恐る恐る取り組むが、すぐに夢中になる。早い生徒は立て続けに作品を発表するし、じっくり悩みながら一句をひねり出す子もいる。慣れてきたところで、「楽しい」「おいしい」などの語句を、読んだ人が思わず「それは楽しそう」「それはおいしそう」と思うようなイメージの語句に入れ替えてみようと提案する。例えば「できたて　カレーパンはおいしいな」と詠んだ生徒は、次に「外はカリッ　中はフワフワ　カレーパン」と手直ししてくれた。自分の伝えたい思いを17文字に集約するという作業は、とても楽しいことなのだと思う。

そして、しばらく取り組みを進めたところで、さりげなく教室に「季寄せ」を持ち込む。この本に出ている「季語」を五・七・五に盛り込むと、その作品は「俳句」という仲間にも入ることを伝えるのだ。クラスの数人は興味を示して、自分の五・七・五に、季語をプラスする努力を始めるようになる。

これらの作品は、作者の名前を伏せた状態で一人一首、十人分を一枚にプリントして次回の授業の冒頭で配布する。生徒たちは友達の作った作品を読みながら、自分の作品を目にしても平静を装う。そして、十首の中から、自分の気に入った作品を三首まで選んで投票する。句会である。みんなの票が集まった上位三首のみ、作者を公表するつもりなのだが、たいてい四位以下の生徒も名乗り出てしまう。自分の句に投票してくれた仲間にお礼が言いたいのだそうだ。実ににぎやかで、和気あいあいの句会だが、この経験が生徒たちにはたまらなく楽しいらしい。授業の冒頭に句会をすることで、その後の創作タイムの熱の入り方が違ってくる。

筆者は、これまで俳句や川柳をたしなんだことはなく、言わばズブの素人である。筆者自身も、俳句や川柳を教える、となると構えてしまったかもしれない。五・七・五と名付けることで、教師も生徒もひとつのハードルを越えるのだと思う。自分の思いを自由に表現できる手段として、安心して創作できるのだろう。

(6)　歌詞を書く

ひらがな、カタカナの表記に課題をもつ生徒たちは、中学生としてのプラ

イドがじゃまをして、素直に学習に向き合えない悩みがあった。何とか彼らが、意欲的に取り組める文字教材を開発できないかと考えた。

問題は、彼らが自分で書いた文字を、面倒くさがって読み直さないことにある。また、たとえ読み直したとしても、その文字と発音が正しくマッチしているかどうかを、彼ら自身に確認する術がないということにあった。

ヒントは、生徒が大好きなカラオケだった。彼らは、若者好みの複雑な歌詞を耳で聞いて、かなり正確に覚えていた。さらにカラオケでは、画面上に流れる文字情報を「音読」する作業もあった。これを応用すれば、自分の書いた文字が正しいのかどうかを、自分でチェックする学習が可能なのではないかと考えた。

授業の冒頭では、生徒たちに、好きな歌手や普段カラオケで歌っている曲を挙げてもらった。そして、この授業の最終目標は、自分の好きな歌の歌詞を完璧にマスターすることであると宣言した。具体的な方法としては、耳から覚えた歌の歌詞を文字として紙に書き、それを見ながら実際に歌ってみて、間違いがないかチェックする。書く文字は、ひらがな、カタカナ、漢字、数字など、どれを使用しても構わないと伝えた。

生徒には、この方法を身につけるために、練習期間として、みんなの多くが知っている歌の歌詞を実際に書いてみる、と伝えたが、実際にはここが指導の中心部分である。「いぬのおまわりさん」「おもちゃのチャチャチャ」「ゆき」など、生徒のリクエストに応えて、教師が歌詞を音読した。それを生徒がノートに書き取る。慣れ親しんだ歌詞なので、口でもごもご繰り返しながら、書いてくれた。最初は、文字の脱落や、促音や拗音の書き損じがあるが、ていねいに推敲を繰り返す中で、大部分の生徒が正しい表記に近づいていった。

本来の目的である「自分の好きな歌の歌詞」は、好きな作業だけあって、宿題でも取り組めた。授業では、みんなが知っているさまざまな歌に取り組むことが、重要である。

(7) ビデオカメラに向かって自分の気持ちを語る

　ある時、筆者の授業を記録したビデオを見た先輩教師が「教師が生徒の何倍も多くしゃべっている気がする」と発言したことが、この授業の誕生のきっかけである。教師がなるべく話さずに、生徒たちだけで思う存分語れる授業が作れるものだろうか。思いついたのは、若者たちをスタジオに集めて、テーマにそって自由に発言させるテレビ番組だった。生徒一人一人が座談会の参加者になるという設定を作ってみようと考えた。

　最初に試行したのは「死」をテーマにした絵本を連続して読んだ後の意見交換会だった。教室の机をU字に配置し、空いたところに三脚を立て、ビデオカメラを設置した。筆者は質問用紙の入った封筒を司会役の生徒に渡し、みんなには、撮影するので発言はカメラに向かって行うように伝えて、授業が始まった。質問は「死ぬのはこわいですか？」「死ぬ前にやっておきたいことは何ですか？」「自殺をしてみたいですか？」「家族が死んだらどう思いますか？」といった少々ショッキングなものであり、生徒たちは頭をフル回転させて自分の考えを述べただけでなく、友達の意見もよく聞いて、質問や感想を発表してくれて、とても充実した話し合いの授業になった。

　数年後、違う学校で、道徳の授業にこの手法を取り入れた。生徒自身が特別支援学級に入級したころの気持ちを思い出してもらい、学級や友人の大切さを再認識してもらおうという趣旨だった。人数は前回の倍以上だったが、机の配置もビデオカメラも前回同様に設置した。質問は「あなたはなぜE組に入ったのですか？」「E組の友達と通常クラスの友達は違いますか？」「E組を早く卒業したいですか？」の3つにしぼった。生徒たちはカメラに向かい、背筋を伸ばして小学校時代のつらい体験を率直に語り、話す順番が終わるとフーッッと大きくため息をついて脱力した。この時も、緊迫した1時間となり、参観した指導主事が「手に汗をかきました」と発言したほどだった。頻繁に行える方法ではないが、子どもたちの内面に迫るためには効果的な授業手法だと考える。

6．おわりに

　本章の締めくくりに、国語の実践を進めてきた中で、筆者が気付いた点を述べておきたい。

(1)　生徒の思いは地下水脈のごとく

　生徒たちの口は重くなかなか自分の本音を語ろうとしない。だからといって本音がないのではない。表面からは見えない場所に満ちている地下水脈のようなものだ。ツルハシを一度打ちこめば、思いはあふれだしてくると実感した。

(2)　つらい経験を笑い飛ばす

　生徒たちが経験したつらい体験を直接発表する前に、マイ・イソップや取扱説明書として形を変えておもしろく創作し、読者に笑ってもらった。本来涙を流す話を再構成し笑い飛ばすことで、生徒たちが一つの山を越えた印象があった。

(3)　仲間とともに成長する

　一番のポイントは同じ経験をした仲間が存在したからだろう。クラスのメンバーならわかってもらえる。つらさを知っているからこそ、一緒に笑い飛ばしてくれる。そんな集団がなければ、これらの実践は成立しなかったかもしれない。これこそ特別支援学級の存在意義の一つなのだと考える。

　障害児への指導法は多種多様でどれを採用したら良いのか簡単には決められない。方法をあれこれ試すことも重要だが、その前に子どもを観察し記録し、わずかな変化を見つけたら、そのきっかけや背景を探るといった、子どもから学ぶ手法も有効である。障害児も障害という特性があるだけで、一人一人は個性のある子どもである。どの子どもにも同じ方法で効果があるとは限らない。これは学級集団に関しても言える。その子（個）や集団に、程良く合った方法がきっとあるはずである。それを見つけられる教師であってほ

しいと切に願う。

　かつて、岡本夏木は、幼児や障害児の言葉の中に「私たちが自分の言葉の中にすでに忘れ去っているような言葉の本質が」「珠玉のごとく光っていることを見落としてはならない」と述べた（岡本1982, p.189）。筆者も、障害児教育に携わるすべての人々に、障害児の言葉を矯正されるだけの存在ととらえるのではなく、そこに学び、その良さを理解し、彼らの言葉や彼らの人生をさらに輝かせる支援を、ぜひ模索していただきたい、と考えている。

　引用参考文献
岡本夏木（1982）『子どもとことば』岩波新書
小林徹（2008）「知的障害生徒に対する問題行動の減少をめざした取り組み－国語「物語の読み取り」の授業を通して－」『慶應義塾大学教職課程センター年報』第18巻（特集号）
小林徹（2009）「「死」を通して「生命」を見つめる－国語「物語の読み取り」の授業から－」『障害児教育実践の研究』第20号、障害児教育実践研究会
小林徹（2012）「国語の授業づくり」渡邉健治他編著『キーワードブック・特別支援教育の授業づくり』クリエイツかもがわ
小林徹（2013）「思春期の育ちを支える中学校特別支援学級の実践」『障害者問題研究』40巻4号、全国障害者問題研究会
小林徹（2013）「子どもと響き合う国語指導」渡邉健治監修、障害児教育実践研究会編『拓き・確かめ・響きあう知的障害教育の実践』田研出版
小林徹（2014）「言葉に関連する障害」谷田貝公昭監修、谷田貝公昭・廣澤満之編「実践保育内容シリーズ④言葉」一藝社

　　　　　　　　　　　　　　　　　　　　　　　　　　（小林　　徹）

コラム 4

聴覚障害児へのことばの授業

　漢字が読めない、助詞、使役、受身を理解して正確に運用することができない、抽象的なことばの意味が理解できない、登場人物の心情をつかみとるのが苦手……など、聴覚に障害をもつ子どものことばの授業では、さまざまな壁にぶつかる。聴覚障害児の語彙構造は基本的に健常児と同様だが、健常児は日常での多様な使用を通して語彙が自然に形成されていくのに対し、聴覚障害児は、学校や特定の場面などでの学習に基づいて形成されていく点でハンディがある。すなわち、聴覚障害児が示す言語習得の困難に共通する根本的問題として、自然な言語習得に必要な言語的刺激が恒常的に制限されていることが考えられる。言語習得のレディネスを成立させるためにも、ことばに多くふれる体験、言い換えれば「ことばのお風呂」に浸けるような支援がかぎとなる。ただし、子どもの興味・関心を無視し、理解しにくい方法で一方的に多くのことばを押しつけても、ただ溺れて苦手意識や拒否反応が大きくなるだけなので、注意が必要である。ここでは二つのポイントをあげる。

　一つは、知的好奇心を育てるということである。特別支援学級における読みの指導では、ことばの意味や使い方を一つ一つ確認して指導していくことも必要だが、「おもしろいよね。」「へえ、そうなんだ。」「どうしてなんだろう。」「だから切ない気持ちになったんだね。」といった「感動」を共有し、内容に対する関心を高めることから始めてみよう。具体的には、読解レベルに合わせたリライト文の活用によって段階的に理解を深めていく、ビデオ教材や漫画などを併用してイメージをふくらませる、などの方法がある。読書に関しては、何冊読んだかということよりも、読んだ本の内容や感想を発表したり話し合うことで、深い理解レベルの読みを促すように指導していくことが大切である。また、わからないことばについては辞書等で自ら調べる習慣をつけるようにする。情報リテラシー面の指導に留意する必要があるが、インターネットの活用も有効である。教育課程の範囲内で、ことばの指導をどれだけ丁寧に行ったとしても聴覚障害児が十分な言語力を獲得するのは困難であると思われる。文字を通して知識や不可視的な深層の世界を体験する楽しさを知ることができれば、本、新聞、インターネット、テレビの字幕付き番組等の情報源に自らアクセスして、その世界を広げていくことができる。

　もう一つは、聴覚障害児が受け取りやすい手段での情報伝達やコミュニケーションを質・量ともに担保することである。軽度・中等度難聴で、一見、補聴器

や人工内耳をうまく使いこなしているように見える児童生徒でも注意が必要である。どの聴力レベルの聴覚障害児であっても、あいまいにしか聞こえない状態にさらされ続けることで、断片的でおおざっぱな情報から文脈や状況を判断して理解し対応せざるをえないことが多い。「わかった？」「うん」のような表面的な言葉による確認ではなく、話を聞いているときの表情や本人が話す内容の深さそのものから、どの程度のレベルまで聞いて理解できているのか判断することが大切である。伝達レベルの問題を最小限にして、理解レベルの面で受け取った情報を吟味できるようにするためにも、ストレスなく確実に情報を受容できる手段を確保することが非常に重要である。また、「伝えるべきこと」「伝えたいこと」だけでなく、友達の発言や、教師と友達、友達同士の会話などが聴覚障害児に伝わることで、他人と自分の考えとの関係性を考えるなど、ことばによって思考する経験を深めることができる。具体的には、特別支援学級においては、ことばの授業に手話を取り入れた指導を行う、学級内での共通コミュニケーション手段を手話にして、自分も含めてすべての人たちの会話がお互いに「見える」ようにする、などである。通常学級では、特別支援教育支援員制度を利用して、授業に要約筆記をつけることを検討するとよい。要約筆記のログは、筆記／入力者の同意のうえで、授業後、内容理解の確認やことばの指導に活用することもできる。

　学年が上がるにつれて、ことばの習得の遅れが目立ってくると焦りを感じる。しかしながら、担当している聴覚障害児が示す具体的困難の背後にある原因を探り、聴覚障害児自身が興味・関心をもって取り組める学習方法の手立てを考えていくことが大切である。

引用参考文献

脇中起余子（2009）『「9歳の壁」を越えるために：生活言語から学習言語への移行を考える』北大路書房

（中野　聡子）

コラム　5

重複障害児へのことばの授業
－オノマトペを使ってみよう－

1．重複障害児の多様性

　重複障害の子どもは、複数の障害を様々な程度に持つために、障害の特性もそれぞれに異なり、子ども達の様相は非常に多様である。ことばの指導においても、子どもによって内容や配慮点は違ってくる。ここでは、障害を併せ持ち知的障害の程度も重く、ことばでのコミュニケーションの前の段階（前言語期）にいる子どもへの指導について紹介したい。

2．前言語期にある重複障害児のことばの指導

　障害が重く前言語期にある子どものことばの指導は、乳児期の母子間インタラクション、乳幼児発達、インリアル・アプローチなどの理論や指導法を背景に、ことば・コミュニケーション支援という視点で行われている（坂口2006）。最も重要なことは、子どもに最大限の注意を払い、感じていることを察知するアンテナの感度を高めておくことである。受け止めやすい感覚や注意を引くものを鋭敏に見つけ出し、イマジネーションを駆使して目の前の子どもの状況を推測する。それをもとにまず共感しながら、受信・発信しやすい環境を整えて対話を開始する。子どもの動きや表情変化を発信として肯定的なことばで代弁すること、子どもが楽しめることを試行錯誤することが、対話継続の鍵になる。また、楽しい場にするためのユーモアと自分自身も楽しむという姿勢も忘れてはならない。

3．授業の中でのことば・コミュニケーション支援

　重複障害児を対象とする授業では、物語や詩の読み聞かせも多い。そこでは、音声言語をリズムやメロディーに乗せ、子ども達の身体の動きに合わせて語られることも多い。教材は、その素材や大きさ、色使い、操作法などから細部に至るまで子どもの特性に合わせて吟味し、見る・触る・匂う・味わうなどが出来るよう工夫がしてある。

　音や物の様子を言語形式で表現するオノマトペ（擬音語・擬態語）も授業の中でよく用いられている。オノマトペには、音から意味をイメージしやすい、身体動作やジェスチャーと共起しやすい、リズムを付けやすいなどの特徴がある。前言語期の乳幼児はオノマトペに注目する傾向があるといわれており、同じ言語発達段階にいる重複障害の子どものことば・コミュニケーション支援にも有効であ

ることが示唆される。

4．オノマトペを教材にした授業

　ある特別支援学校小学部の重複障害学級では、継続的にオノマトペを使った授業を行っていた（高野・有働2011）。ある授業では、谷川俊太郎の詩「ふるえるうた（谷川・波瀬1986）」を朗読し、続いて詩に含まれるオノマトペ「ブルブル」と、「プルプル」を体験するというものであった。朗読する教員は、オノマトペを読み上げながら手を震わせていた。「ブルブル」の体験では、ブルブルと身体を震わせ、その後「ブルブルタッチ」と次の人にタッチし、タッチされた人が身体を震わせ、ブルブルをつないでいた。「プルプル」の体験では、震える冷たいゼリーを順に触っていくというものであった。児童の中には、教員の働きかけを予期して笑顔を見せるもの、教員や教材に注目し、主体的に手を伸ばすものもいた。一方教員は、冷たいゼリーを身体に感じて反応する児童の表情から気持ちを推測してことばに表し、それに自分が返答するという一人芝居のような方法でその児童とのやりとりを行っていた。また、震えに反応してピクつく児童を担当する教員は、少し遅れて同様の動作をして共感を表しており、児童と教員の豊かなインタラクションを垣間見ることができた。

引用参考文献

坂口しおり（2006）『障害の重い子どものコミュニケーション評価と目標設定』ジアース教育新社

高野美由紀・有働眞理子（2011）「特別支援学校における教師と児童のインタラクション－重複障害学級における児童の反応に応じる教師発話・表現の分析－」『兵庫教育大学研究紀要』第39巻、兵庫教育大学

谷川俊太郎（1986）「ふるえるうた」谷川俊太郎他編『あしたのあ　あなたのア』太郎次郎社

　　　　　　　　　　　　　　　　　　　　　　　　　　（高野　美由紀）

コラム 6

ダウン症児へのことばの授業

1．ダウン症候群（ダウン症）とは

　ダウン症は、染色体異常による先天性の障害である。ダウン症の染色体異常は、21番染色体の過剰（21トリソミー）であり、これは、細胞分裂の異常によって生じる。ダウン症の出生頻度は1000人に約1人の割合である。最近、高齢妊娠の増加や新型出生前診断の導入により、ダウン症の出生頻度について話題になっている。ダウン症の特徴として、知的発達の障害を伴うことが殆どであること、筋肉の緊張が弱いこと、心臓や眼科的、耳鼻科的疾患を合併しやすいことがあげられる。ダウン症であっても、一人ひとりの子どもの発達課題や支援ニーズは異なるし、子どもの持っている能力もまた違っている。子どもの実態に応じた指導や支援が重要である。

2．ダウン症児の言語発達の特徴

　ダウン症児のことばの発達は、基本的には知的発達の障害の程度と関連し、知的発達が良い場合は言語発達も良好であり、知的発達の障害の程度が重度の場合には、言語発達も遅れが顕著であり、表出言語がないこともある。しかし、多くの研究から、他の知的障害児とは異なるダウン症特有の特徴があることも明らかにされている。それは、理解言語に比べて表出言語の発達が遅れる場合が多いこと、聴覚的短期記憶よりも視覚的短期記憶が優れていること、発音が不明瞭であることが多いこと、聴覚障害（難聴）を合併している頻度が高いこと、さらに難聴がない場合でも聞き取りの力が弱いことなどである。聞き取りの力の弱さは、発音の不明瞭さや聴覚的短期記憶の弱さとも関連している。また、早口や吃音のようなことばの流暢さやリズム、速度の特異性がみられる場合もある。

3．ダウン症児のことばを育てる支援

　ダウン症児の中には、先生の話を聞くことができず、授業や学習についていくことが難しい子どももいる。学校での一連の生活の流れを理解することを通して、学習の構えを育てることとともに、絵カードや絵本など、子どもの興味関心からスタートし、徐々に学習に引き込んでいくことが重要である。ダウン症児は、視覚的に情報を捉えることが良好であるため、仮名の読み書きの取り組みがスムースである。仮名の読みについては、カルタや五十音積木を使って、文字の形や種類を知ることからはじめることがよい。ロッカーの自分の名前だけがわかると

いった文字列を形態で認識する段階の学習者も、カルタとりなどの学習活動を通して、各々の文字に音があることを認識する。そして、それらの文字を並べ、自分の名前以外の身近なものの名称を並べたり読んだりできるようになる。書きについては、縦線や横線、丸を書いたり、点と点を結んだりすることができるようになってから、なぞり書きにチャレンジすることがよい。眼科的疾患による視力の問題や握る力の弱さに配慮し、姿勢、紙の大きさ、枠のサイズ、ペンの持ちやすさなどに気をつけながら、「注意深く見る」「ペンをしっかり握り操作する」「線や点を意識する」のステップを踏んで学習をすすめていく。かな文字読みの学習が発話明瞭度の向上に効果をもたらす場合もある。

4．特別支援学校や特別支援学級におけるダウン症児への授業実践

ある特別支援学校中学部では、言語・数量という時間割を作り、学習内容および単元目標に個人目標を重ねて、ダウン症の生徒を含んだ複数の小グループを構成し授業づくりを行っている。

単元名：「いろいろな文をつくろう」：生徒たちは、自分の経験したことを中心に書いたり話したりすることができる。しかし、日常的に使う言葉が限定されており、言葉の表現力が限られているため、「スリーヒントゲーム」という活動を設定した。これは、答える人、ヒントを出す人に分かれ、ボードの裏面に書かれた単語に関して、ヒントに基づき推論するゲームである。ヒントは3つで、色、形、味、仲間などについて出す。活動の最後には、答えとヒントを組み合わせて、「(カレーライスが答えの場合の例) カレーライスの色は黄色で、味は辛いです。食べ物の仲間です」といった文章を作り、音読したりノートに書いたりする。語彙力や構文能力、類推能力の向上が期待できる活動である。

（菅野　和恵）

第Ⅳ部

通常学級における
ことばの授業づくり

第1章
小学校① コミュニケーションを学ぶ
ことばの授業づくり
―特別支援学級と通常学級との連携を想定して―

1．国語科におけるコミュニケーション教育とは

　私は以前、小学4年生の学級担任として、国語科教科書の定番教材である「ごんぎつね」を、ごんと兵十の「思いのすれ違い」について考える教材として授業を展開したことがある（原田2009）。初読の感想では「ごんはかわいそうだった」という感想ばかりだったが、「自分の思いの伝わらなさ」や「人と関係をつくることの難しさ」について考える学習活動に取り組んだことにより、学習者たちはごんと兵十の思いを自分の家族や友人との関係性に結びつけて語るようになった。

　学習者の多くは、他者とのコミュニケーションについて考えることを強く望んでいる。この理由として考えられるのは、彼らにとってコミュニケーションを学ぶことが単に楽しいというだけでなく、友人や家族とのかかわりから生じる激しい不安や苦痛を和らげる効果も期待しているからだと思われる。

　国語科においてコミュニケーション教育は、その多くが話し合い活動やスピーチ発表会などの言語活動のことだと考えられている。このような授業は重要であるが、コミュニケーションとは何かを学習者が考えることができる国語科の学習活動も必要である。

　国語科におけるコミュニケーション教育は、「様々なコミュニケーションを体験できる」授業だけでなく、「コミュニケーションについて考える」授業でもありたい。コミュニケーションを学ぶことに惹きつけられる学習者の実態をふまえると、教師には、より後者の授業をつくることが求められる。

　国語科のコミュニケーション教育について考えると、その上で、特別な支

援を要する学習者を包摂するインクルージョンの観点から次の3つの学習目標を設定することができる。

> ① 自己のコミュニケーション観を考えることができること。
> ② 他者のコミュニケーション観を考えることができること。
> ③ 他者とのコミュニケーションに参加し続けることができること。
>
> （原田2013, p.50）

加えて、コミュニケーション教育における学習方法としては、インクルージョンの観点を意識するからこそ、「言語（バーバル）に加え動作化や視覚化など非言語（ノンバーバル）を用いること」が重要である（原田2013, p.50）。
コミュニケーションを学ぶことばの授業の学習目標と学習方法は、これらの観点を基盤に考えてみたい。

2．ごっこ遊びの視点

また、特別な支援を要する学習者とかかわる上で、ごっこ遊びの視点は欠かすことができない。その理由は、ごっこ遊びには生活に必要なことばの力を獲得する契機があることや、「遊び」という虚構の場が他者とかかわることで生じる摩擦を和らげ、ことばの学びを円滑に生み出す可能性を秘めているからである。

遊びと学びの関連性については、これまで心理学を中心に多くの研究がなされてきた。近年では心理学に加え、保育学や特別支援教育学を中心に、より実践的な研究がすすめられている。

遊び研究の中でも、特に注目したいのは、子どもたちが繰り広げる「ごっこ遊び」の性質についてである。保育研究者の野尻裕子は、「ごっこ遊び（pretend play）」について、次のように説明している。

> 子どもが日常生活の中で経験したことの蓄積から、つもりになって「～のような」模倣をし、身近なものを見立て、役割実現するというような

> 象徴的遊びをいう。2歳頃から始まり幼児期にもっとも頻繁に行われ、学童期に入ると急激に減少する。当初はものの形状などを通して生まれたイメージを再現するが、年齢が高くなると再現する手段としてものを見たてるようになるといわれる。このようにものが重要な役割を果たすことから、保育の場においては遊具に限らずさまざまなものを用意しておくことが必要である。幼稚園などでみられる<u>集団でのごっこ遊びの場合、それぞれがもちよるイメージを擦り合わせ、不都合な点があれば修正していくといった活動が必要となるため、誰がどのような役割で何をどう見たてているのかが相互に了解されなければならない。また他者とイメージを共有するだけでなく、自分と異なる立場を経験をすることは遊びを通して他者存在の気づきとなる</u>。(野尻2013, p.70, 下線は引用者)

　幼児期や学童期における集団での遊びを通して、学習者は様々なことを学んでいる。たとえばそれは、野尻が述べるように、「それぞれがもちよるイメージを擦り合わせ、不都合な点があれば修正していく」「誰がどのような役割で何をどう見たてているのかが相互に了解されなければならない」「他者とイメージを共有するだけでなく、自分と異なる立場を経験をする」などがあげられる。これらのルールは、遊びの中だけでなく、日常生活における他者とのやりとりを円滑にすすめていくためにも必要なことばの力である。また、遊びの性質にある「相互に了解」することや「自分と異なる立場」を経験することなどは、学習指導要領国語編に記載された「伝え合う力」の考え方に近い。国語科の目標観と遊びの性質は、深くかかわっている。
　ただし、学習者の中には、遊びのルールを遊びの中だけで活用し、日常生活に必要なことばの力として意識化できていなかったり、適応できていなかったりするケースが多く見受けられる。遊びの感覚を共有できる教科書教材を活用しつつ、遊びでのやりとりが自分たちにとって必要なことばの知識や技能であるとして学習者に獲得させることは、ことばの授業が担うべき役割であると考えたい。

加えて、伊藤良子が述べているように、「ごっこ遊びのなかでは、たとえば「母親」役の子どもは、「母親らしく」ふるまうという隠れたルールが存在する」（伊藤2010, p.12）。このため、互いが自明視する母親像のずれや違和感について考えたり話し合う活動を展開することで、学習者に他者像の変容が生まれ、コミュニケーションをめぐる新たなことばを獲得することも期待できるだろう。

発達障害がある学習者の場合、「そもそも象徴遊びが育ちにく」いという特徴がある（伊藤2010, p.12）。「ごっこ遊び」は、その遊びを開始する前に、遊び仲間のあいだである程度共有できるイメージを必要とする。特別支援学校小学部で「遊び」の実践を提唱している白澤琢は、このようなイメージの共有が困難な場合は、「ごっこ遊び」を「ごっこ的遊び」として、少し発想を変える必要があると主張している。白澤は、「事前にイメージを共有できていなくても、遊びながら共有できるものをつくりあげていくこともできるのではないでしょうか」と問いかけ、「子どもたちの気持ちを揺さぶる展開のなかで生きた表情や活動を引きだし、自由に気持ちや思いを表現していける世界を創造すること、そしてそこで教師も一緒になって楽しいあそびのイメージをつくっていくという姿勢が大切」であると述べる（白澤・土岐2006, p.183）。

このように、「遊び」という虚構の場を授業に取り入れることは、日常生活に必要なことばの力を学ぶ機会を生み出すだけでなく、他者像の変容を通して、コミュニケーションをめぐる新たなことばを獲得する契機を生み出す。特別支援学級と通常学級等の交流活動も円滑になり、野尻が述べるような、「遊びを通して他者存在の気づきとなる」ことを実現する可能性を秘めている。

3. 当事者の視点

コミュニケーションを学ぶことばの授業を具体的に構想していく上で、最後に、「学習者が当事者になること」と「当事者の声を取り入れること」という二つの学習方法の意義を考えてみたい。

「学習者が当事者になること」とは、学習者がことばの授業を通して自分自身の声を取り戻すことである。障害のある学習者に限らず、教室に在籍する学習者の多くは、他者と比較する社会のことばに晒されてきている。この結果、自分への自信を失いがちな学習者がいることは想像に難くない。「私たち抜きに、私たちのことを決めないで（Nothing about us without us）」という言葉があるように、障害者権利条約や、現在の障害者制度改革を支える思想の基盤には、常に当事者としての「私」や「私たち」の声を尊重する思いや願いがある。「学習者が当事者になること」という方法論的な視点は、障害者権利条約の思想をふまえたことばの授業をつくるための、一つの手がかりとなる。

また、「当事者の声を取り入れること」とは、実際に当事者の「生の声」を授業に取り入れることである。ここでの当事者とは障害当事者であったり、授業に関連する出来事の当事者（学習者がお手紙を渡す相手や招待する相手など、学習活動の中で重要な位置づけにある人物）であったりする。自分以外の他者の視点を導入し、他者とかかわる機会を設けることにより、学習者本人だけが理解可能な閉じたことばは他者とつながるための開いたことばへと変わることを期待したい。

4．コミュニケーションを学ぶことばの授業の構想に向けて
⑴　授業づくりのポイント

ここまでの内容を整理すると、コミュニケーションを学ぶことばの授業づくりのポイントは次の3点になる。

(Ⅰ) 学習目標に、「①自己のコミュニケーション観を考えることができること」「②他者のコミュニケーション観を考えることができること」「③他者とのコミュニケーションに参加し続けることができること」という3点を導入する。

(Ⅱ) 「ごっこ遊び」の視点を、必要に応じて学習活動の形態に導入する。

(Ⅲ) 学習方法として、言語（バーバル）に加え動作化や視覚化など非言語（ノンバーバル）を用いる。また、「学習者が当事者になること」と「当事者

の声を取り入れること」の２点を取り入れる。
　次節から提案する授業において、(Ⅰ)については「**①②自己／他者のコミュニケーション観の認識**」「**③参加の維持**」と表記することにより、どの目標が当てはまるかを示しておく。(Ⅲ)は、特に「**学習者が当事者になること**」と「**当事者の声を取り入れること**」の２点に着目し、その都度考察の中で明記する。授業で扱う教科書教材は、全国で採択シェア率の高い光村図書出版に限定した。授業では必要に応じて教科書以外の教材も取り入れた。

(2)　３つの活動形態
　また、実際に小学校現場で取り組まれている場面を想定することで、実現することが可能なことばの授業を構想する。特別支援学校、特別支援学級、通常学級、院内学級など、連携の組み合わせは複数想定できるが、ここでは通常学級と特別支援学級を取り上げ、次の３つの活動形態に焦点化する。

> (a)　通常学級だけで取り組むことばの授業の場合
> (b)　通常学級が特別支援学級を巻き込んで取り組むことばの授業の場合
> (c)　特別支援学級が通常学級を巻き込んで取り組むことばの授業の場合

　以下、順に見ていきたい。

5．通常学級だけで取り組むことばの授業の場合
【単元名】人とかかわることについて考えよう−「ふつう」とは何だろう？−
【実施時間数】全12時間
【学習者の対象学年】４年生
【単元全体の学習目標】
　・人とかかわることの楽しさや難しさを学ぶ。←「**①②自己／他者のコミュニケーション観の認識**」
　・「ふつう」という言葉を通して、差別や暴力についての考えを深めることができる。←「**①②自己／他者のコミュニケーション観の認識**」

- 書こうとすることの中心を明確にし、目的や必要に応じて理由や事例を挙げて書くことができる。
- 文章の敬体と常体との違いに注意しながら書くことができる。
- 書いたものを発表し合い、書き手の考えの明確さなどについて意見を述べ合うことができる。
- 話し合いに参加し続けることができる。←「③**参加の維持**」

【活動目標】
- ワークシートに自分の思いや経験を書くことができる。
- 「ふつう」についての自分の意見をまとめ、発表し、質問の受け答えができる。
- アイマスクと白杖を体験できる。

【使用教材】
「だれもがかかわり合えるように」（4年上）、「手と心で読む」（4年上）、倉本智明（2006）『だれか、ふつうを教えてくれ！』理論社、「心の信号機」『みんなのどうとく』学研

【使用する道具】
- 白杖、アイマスク、視覚障害のある方へのインタビューＤＶＤ

【単元の流れ】
第1時　教科書教材「だれもがかかわり合えるように」を読み、人とかかわることの楽しさや難しさについて、自分の考えを書く。

第2時　第1時で書いたワークシートを交流し、人とかかわることの意味について意見を出し合う。

第3時　「手と心で読む」を読んで初読の感想を書き、点字についての基礎的な知識を整理する。

第4時　『だれか、ふつうを教えてくれ！』と「心の信号機」を読み、2つの教材に書かれている障害者のイメージを比べ、整理する。

第5時　整理したイメージについて発表、交流し、自分の障害者に対するイメージをノートにまとめる。

第6時　視覚障害当事者へのインタビューＤＶＤを見て、感想を書く。

第７時　アイマスクやガイドヘルプを体験する。
第８時　「ふつう」という言葉を自分が使う場面や人から聞く場面を整理して書く。
第９時　第８時で書いた内容を発表し、「ふつう」という言葉を使う意図や思いを交流する。
第10時　教科書教材「だれもがかかわり合えるように」の内容について、教科書編修者になったつもりで検討する。修正する場合や加筆する場合についても考える。
第11時・第12時　教科書編修者に手紙を書く。

【本単元の解説】
　この単元は、2008年１月に原田が教員として４年生28人と取り組んだ単元「障害について考えよう」（国語８時間＋道徳４時間）をもとに作成したものである。
　この単元の特徴は、対象的な２つの教材にある。「心の信号機」では、目の不自由な男性を「心ほそそうに立っている（p.19）」「ひき返して、あの人の手をとって、わたるのを手つだってあげよう（p.19）」など、障害者をかわいそうな人や助けなければならない人として位置づけている。一方、全盲の当事者である倉本智明氏が書いた『だれか、ふつうを教えてくれ！』では、「ぼくがよく「困ったなぁ」と思うのは、電車のなかで座席をゆずられてしまうことです（p.108）」「ゆずってもらうと、なんだか後ろめたい気分になる（p.109）」とあるように、かわいそうな人や助けなければならない人として位置づけられて困惑する思いや、健常者の「ふつう」という思いこみが別の差別や暴力を生み出すことを危惧する思いが記されている。このように、意見の異なる教材を読み、それぞれの思いや背景を整理して比べることは国語科の学習方法として有効である。
　全盲の当事者である倉本氏の意見や、視覚障害当事者へのインタビューなどは、学習者に深く考えさせる契機となる。この学習方法は、「**当事者の声を取り入れること**」である。
　本単元で活用した教科書教材の「だれもがかかわり合えるように」と「手

と心で読む」は先の2つの教材をつなげる役割を担う。障害に関する内容であれば他の教科書会社の教材でも代用できる。

アイマスクやガイドヘルプを体験すること、教科書編修者のつもりになって教科書の内容を検討すること、「ふつう」という言葉を使ったり聞いたりする自分自身について考えること等は、当事者として問題を考える姿勢や構えを生み出す。この学習方法は、**「学習者が当事者になること」**である。

綾屋紗月がアスペルガー障害の当事者の立場から指摘しているように、自閉症スペクトラム障害のある者と健常者はスペクトラム（連続体）の関係にある（綾屋・熊谷2008）。同様に、視覚障害者と健常者もスペクトラムの関係にあると言えよう。学習者が視覚障害当事者の実態を知り、自身とのつながりを実感することを通して、自分自身と他者との連続した関係性を言語化できるようになることを目指したい。

教科書編修者に手紙を書く学習活動は、学習者も喜んで取り組むことが多い。実際に教科書編修者から返事がくることがほとんどであり、後で学習者たちに教科書編修者の意見として紹介できる。普段は遠い存在である教科書編修者と手紙のやりとりをすることにより、教科書を身近な存在として実感できれば、社会的な存在（ここでは教科書編修者）とのあいだでもコミュニケーションを学ぶ契機となる。

本単元で示した第11時と第12時は、他者とコミュニケーションをとる上で必要な敬体と常体との違いについて学ぶ時間や、手紙を書く際に必要な知識・技能を学ぶ時間として位置づけることができる。

6．通常学級が特別支援学級を巻き込んで取り組むことばの授業の場合

【単元名】「ごっこあそび」を発明してみんなで遊ぼう！
【実施時間数】全10時間
【学習者の対象学年】2年生
【単元全体の学習目標】

　・自分が好きなごっこ遊びを考えることができる。←「①②自己／他者の

コミュニケーション観の認識」
- 友だちみんなが楽しい気持ちになるために、どんなごっこ遊びがよいのか考えることができる。←「①②自己／他者のコミュニケーション観の認識」
- 大事なことを落とさないようにしながら、興味をもって聞くことができる。
- 語と語や文と文との続き方に注意しながら、つながりのある文や文章を書くことができる。
- 時間的な順序や事柄の順序などを考えながら内容の大体を読むことができる。
- あたらしいごっこ遊びをつくるための話し合いに最後まで参加できる。←「③参加の維持」
- 自分が提案したごっこ遊びに友だちを誘ったり、友だちが提案したごっこ遊びに参加できる。←「③参加の維持」
- 教科書を参考にして、自分が提案したごっこ遊びについて書くことができる。

【活動目標】
- 発明したごっこ遊びで一緒に遊ぶことができる。
- 発明したごっこ遊びについて書くことができる。

【使用教材】
- おにごっこ（2年下）

【使用する道具】
- 遊びに必要な道具

【単元の流れ】
第1時　運動場でおにごっこをする。
第2時　おにごっこをしているときに、どきどきしたのはどんなときか、おもしろいと思ったのはどんなときか、けんかをしたり、けんかをしなかったのはなぜかを考えて書き、発表する。
第3時　みんなが楽しいと思えるような、新しいおにごっこのルールを考え

　　　　る。ノートに書いて、班で話し合って発表する。→休憩時間にやってみる。
第4時　新しいごっこ遊びを考え、特別支援学級の学習者と一緒に遊ぶ。
第5時　特別支援学級の学習者と教師が好きなごっこ遊びについてインタビューをする。
第6時　インタビューして聞いたことを発表し、どのようなごっこ遊びがよいかを話し合い、考えたルールをノートに書く。→休憩時間にやってみる。
第7時　特別支援学級の学習者と一緒に、発明したごっこ遊びをする。終わったあとに、感想を聞く。
第8時　教科書教材の「おにごっこ」を読み、自分たちがしたおにごっこと比べて同じところと違うところを見つけて発表する。
第9時・第10時　自分たちが発明したごっこ遊びについて、教科書教材「おにごっこ」の作者のように、順序に気をつけて文章を書く。→（後日、教師は集めたワークシートを1冊の教科書のかたちにする。給食の時間など、テレビ中継で他の学級の学習者に向けて作成した教科書を学習者に紹介させる。）

【本単元の解説】
　特別支援学級と通常学級との連携については、地域や学校、教師の意識によって差がある。通常学級に在籍する学習者が、特別支援学級の学習者とかかわる機会は少ない。このため、学習者がお互いのことを「よくわからない存在」として位置づけている場合が少なくない。
　インタビューの活動は、通常学級の学習者が特別支援学級の学習者を理解するための貴重な時間である。特別支援学級の学習者がどのような遊びを楽しいと感じるのか、苦手な遊びは何かなど、学習者や教師に意見をできるだけ多く聞くことが大切になる。
　「発明したごっこ遊びで一緒に遊ぶ」という活動目標のもと、通常学級の学習者たちは特別支援学級の学習者たちとかかわることを学ぶ。また、実際に遊んでみて、楽しさと同時に、たくさんの難しさを学ぶことになる。普

段遊ばない学習者と遊ぶことの楽しさと難しさを知ることは、普段かかわらない人とコミュニケーションをとる際に必要な知識や技能の基礎となるだろう。このことが、自分自身との共通点を見つけるきっかけを生み出す。自分自身と他者とが連続した関係にあることの言語化へと誘い、コミュニケーションの楽しさや難しさを学ぶ契機となることを目指したい。

「発明したごっこ遊びについて書くこと」は、自分の思いや経験を書くことから始めることができる。このため、書くことにおいて支援を要する学習者にとっても、比較的参加しやすい活動だと言える。学習者にとって遠い存在でしかなかった教科書が、同じ筆者という立ち位置から書いたごっこ遊びの文章と比べることにより、より身近な文章へと変わる。

自分たちで遊んでみて楽しいかどうかを確かめる活動や、自分たちが発明したごっこ遊びを教科書の作者になって書く学習方法は、「学習者が当事者になること」である。特別支援学級の学習者にインタビューをしたり、参加してもらって意見を聞く学習方法は、「当事者の声を取り入れること」である。

通常学級に巻きこまれた側の特別支援学級の学習者たちにとって、自分の感想を考えて言う体験や、自分の感想を通常学級の学習者に聞いてもらう体験は、貴重なことばの学びとなる。コミュニケーションのあり方を意識する契機となるだろう。

7．特別支援学級が通常学級を巻き込んで取り組むことばの授業の場合

【単元名】みんなで音のお店やさんをひらこう！
【実施時間数】全10時間
【学習者の対象学年】1年生～6年生（発達年齢に応じる）
【単元全体の学習目標】
・お店やさんごっこに楽しんで参加できる。
・自分が好きなお店やさんを考えることができる。←「①②自己／他者のコミュニケーション観の認識」
・友だちみんなが楽しい気持ちになるために、どんなお店がよいのか考え

ることができる。←「①②自己／他者のコミュニケーション観の認識」
・自分が好きな音を見つけることができる。
・相手に応じて、話す事柄を順序立てることができる。
・丁寧な言葉と普通の言葉との違いに気を付けて話すことができる。
・書いたものを読み合い、よいところを見付けて感想を伝え合うことができる。
・語のまとまりや言葉の響きなどに気を付けて音読することができる。
・お店をひらくための話し合いに少しでも参加できる。←「③参加の維持」
【活動目標】
・学校にある色々な音を見つけることができる。
・宣伝するためのちらしを作ることができる。
・お店屋さんになってお客さんに売ることができる。
【使用教材】
・きつつきの商売（3年上）
・おみせやさんごっこをしよう（1年下）
【使用する道具】
・画用紙やダンボールなど、お店屋さんを作る上で必要な道具。ICレコーダー。
【単元の流れ】
第1時　「きつつきの商売」を読む。（教師2人～3人は「きつつきの商売」を、地の文を読む役、きつつき役、野うさぎ・野ねずみ役に別れ、演劇的に紹介する。文中で登場する効果音も準備しておく。）
第2時　教師が出すクイズに答える。（教師は、きつつきさんのように音のお店やさんをひらくことを学習者に伝えた後、事前に学校の中で録音した音をいくつか流し、子どもたちにクイズ形式で質問する。）
第3時　教師と学校の中をまわり、発見した音をICレコーダーに録音していく。
第4時　自分たちで見つけた音を流し、第2時で教師がしたように、クイズ形式で質問し、正解したら「100リル」（「きつつきの商売」で登場する

お金の名前）を渡すやりとりを繰り返す。
第5時　3年2組の学習者（仮）にお店に来てもらうための宣伝ちらしを作るために、「おみせやさんごっこをしよう」を音読して、ちらしの作り方を学ぶ。
第6時・第7時　宣伝ちらしを作る。給食時間の前など、2組の学習者が全員そろっている時間に紹介する。事前に作っておいた「100リル」のお金も、ちらしと一緒に渡す。
第8時　2組の学習者を教室に招待する。メニューにある音を注文してもらい、その音を流すことで「100リル」を受け取る。また、お店の側からクイズ形式で音の質問をして、正解であれば「100リル」渡す。（この後、2組の学習者が招待してくれたお礼として自分たちで準備した音を流して問題を出してもよい。）
第9時・第10時　音のお店やさんをしてみて楽しかったことや思ったことを書いて、発表する。

【本単元の解説】
　本単元では「音」に注目している。触れたり味わったりなど、五感という身体感覚に訴える方法は学習者の関心を惹きつけるので有効である。アスペルガー症候群や高機能自閉症など、特定の音や色に過敏な自閉症スペクトラム症の学習者がいる場合は、その学習者にとって苦手な音や色について他の学習者と共有することが大事である。また、この授業を通して学習者が自分の苦手な音と向き合い、他の学習者の前でなぜその音が苦手なのか、どのように感じるのかなどを発表するのもよい。自己の身体感覚を言語化し、他者と共有することは、不安定な自己の輪郭を明確にする上で有効な方法だからである（原田2012）。

　学習者にとって、実際に存在するお店やさんになるという学習方法は、「**学習者が当事者になること**」である。また、お店やさんという「役」としてお客さんに声をかけることは、実際の買い物場面をイメージする必要がある。買い物場面という、これまで自分が持っていたイメージとの一致やずれを体験することにより、買い物場面におけるコミュニケーションのやりとりを学

ぶことができるだろう。

　3年2組の学習者に来て遊んでもらい意見をもらうという学習方法は、「当事者の声を取り入れること」である。3年2組の学習者という相手意識や、招待してお店で買ってもらうという目的意識を明確にすることで、お店屋さんとしての自分は何をどう準備すべきなのかという、自己意識も明確にできる。それぞれの意識が明確になることにより、学習者はより当事者としての意識が生まれる。

　普段あまりかかわることのない通常学級の学習者を招き入れ、お店やさんという立場で対応する体験は、特別支援学級の学習者たちにとって、コミュニケーションを学ぶことに他ならない。「かかわることができた」という実感が自信をともなって生まれれば、次のコミュニケーションの足がかりとなる。学習者に生まれた実感を他者と共有し、自分自身と他者とが連続した関係にあることを言語化できるようになることを目指したい。

　お客さんとして呼ばれた3年2組の学習者たちは、自分たちもおもしろい音を準備して楽しんでもらうことで、「招待してくれたことへのお返し」という考え方を学ぶことができる。その場で意見を言うことも求められるため、自分の考えを特別支援学級の学習者にわかりやすく伝えることばの学びにもつながるだろう。

8．おわりに

　以上、特別支援学級と通常学級との連携を想定して、3つの活動形態に照らしてコミュニケーションを学ぶことばの授業を構想した。

　コミュニケーションを学ぶことばの授業にのぞむ教師は、常に自身がその学習活動に当事者意識をもって参加できているか、繰り返し考える必要がある。傍観者の態度で授業に参加し、学習者に当事者になるようにと「指導」するような授業展開が続けば、学習者の教師に対する信頼関係は壊れ、今後の授業づくりは難しくなる。

　また、単元の主題によっては、教師こそが当事者である内容も出てくる。たとえば障害を主題に授業を構想する場合、教師が障害当事者であれば、障

害について語る機会が授業中に生まれる。障害に限らず、教師が当事者の立場から語ることは、学習者のことばの学びに深まりや拡がりをもたせる上で有効である。このような機会を生かすためには、教師は普段から自分の何を、どこまで、どのタイミングで、学習者にどのようなことばの学びを求めて語るのかを考えておくことも大切である。

引用参考文献
綾屋紗月・熊谷晋一郎（2008）『発達障害当事者研究―ゆっくりていねいにつながりたい』医学書院

伊藤良子（2010）「遊び［play］」茂木俊彦他編『特別支援教育大事典』旬報社

白澤琢・土岐邦彦（2006）『障害児と遊びの教育実践論』群青社

野尻裕子（2013）「ごっこ遊び」森上史朗・柏女霊峰編『保育用語辞典［第7版］』ミネルヴァ書房

原田大介（2009）「自分のことばを大切にする国語教育実践―小学4年生28人とのかかわりを通して」学思会編『国語科授業論叢』第1号

原田大介（2012）「身体感覚をめぐることばの学び―自閉症スペクトラム障害の考察を中心に」国語教育思想研究会編『国語教育思想研究』第4号

原田大介（2013）「国語科教育におけるインクルージョンの観点の導入―コミュニケーション教育の具体化を通して」全国大学国語教育学会編『国語科教育』第74集

（原田　大介）

第2章
小学校②　スイミーのオリジナル絵本をつくって、1年生に読み聞かせよう

1．はじめに

コンスタンス・マクグラスは次のように述べる。

> 現代のほとんどの公立学校には、そもそも「通常」学級など存在しないと考えたほうがよいでしょう。ここ数十年にわたり、多様な教育的ニーズのある子どもたちの数は増え続けています。こうした流れを受けアメリカでは多様な学習者をできるだけ通常学級のなかで支援する方針を打ち立てました。アメリカでは「可能な限り制限されない環境」のなかで、すべての子どもたちを適切に教育することが求められているのです。(マクグラス2007, p.9)

これは我が国においても同様である。筆者も小学校勤務時代、診断を受けてはいないが支援の必要な子どもたちが顕著になってきたことを感じていた。つまり、支援の必要な子どもたちとあえてとらえるのではなく、自分の学級に多様な学習者が常にいることを前提に考えることで、コンスタンスの言う「長い目で学級の構造や経営方針、指導のあり方を改善させる」教師へと成長することができるのだろう。

作成したオリジナル絵本

2. 「読み理解」に困難をもつ子どもたち

　筆者がこれまでに出会った教育的ニーズの中で、特に配慮が必要と感じたのは、「読み理解」に困難さを抱えた子どもたちである。音読、書字などは教具や個別の対応によって支援が可能なことも多い。しかし、なかなか支援ができにくいのは書き言葉や話し言葉による抽象的思考や推論である。説明的文章では理解に応じて段階的な視覚化を図ったり、本人にとってなじみのある内容と関連付けたりして理解を図ることも手立てとして考えられる。

　だが、物語的文章では登場人物の心情や様子を想像したり、主題を理解したりすることに困難さが多く見られる。推論や比喩表現の理解が難しく、文章の全体像を把握できずに細部だけに目を向けてしまうことがある。また、心理的なことに心を閉ざすこともある。かつて『ぐりとぐら』の絵本を読み聞かせてもらった自閉症スペクトラムの1年生が、初読の感想を一言も書かなかった。訳を尋ねると「前にお母さんに読んでもらったから、初めて読んだ感想は書けない。」と言うのである。母親に読んでもらったことはその子にとって些細なことではないのだ。本章は物語的文章における個別のニーズに対応した実践を、心理的な面にも配慮して提案したい。

3. 本単元の設定に向けて
(1) 教材について

　本教材『スイミー』は、ユダヤ人の父を持ちアメリカに亡命したレオ＝レオニがイタリアに帰国して、芸術家、絵本作家としての活動を両立させた作品である。ドイツ政府による最優秀絵本賞を始め、「金のりんご賞」を受賞している。彼の思想や活動により『スイミー』の秘められた意味について、「「マルクス主義」の含みがあるのか。」と問われて、「もちろん"ノー"と答えなければならない」と語っている。詳しくは今井の著による（今井2010, p.71）。

　今井は「劇化、朗読会、描画」などの実践を検討し、次のように述べている。

> どの実践も楽しそうで活き活きした授業なのだが、だからといってこれらの実践が「読みを深める」ことに繋がるとは限らない。子どもたち

> の心に「楽しかった」事柄の方が強く印象に残り、表面だけ通り過ぎる可能性もあり得る。また、生活体験が希薄な子どもたちが多くなっている現代において、教師の想定を超えた「読み」をしている子どもに、どのように答えていくかも注視したい。（今井2010, p.75）

　今井の主張は、個別のニーズに対応する「読み理解」の必要性と重なる。
　教科書教材「スイミー」は、絵本『スイミー』と異なる点が多い。教科書は右開きだが絵本は左開きである。教科書は縦書き文章なので必然的に右開きとなるが、物語の進行からすれば絵本の方がスムーズで広がりも感じられる。挿絵は絵本では中表紙も入れると15枚ある。中表紙は「みんなが１ぴきのおおきなさかな」になる途中の場面で、最初の挿絵は「きょうだいたちがたのしくくらしていた」場面である。絵本を使った授業を考えれば、この２枚を比較して物語を想像することから入ってもおもしろい。教科書は５場面の挿絵であるが、何よりスイミーが元気を取り戻す７場面が一場面にされているのは惜しい。絵本を使って想像を広げることが望ましい。挿絵の特性を生かすことで、抽象的思考や推論ができにくい子どもの助けになるだろう。
　スイミーはなぜ子どもたちに好かれるのか。幸せに暮らしていたスイミーが一瞬にして仲間を失い、恐怖や孤独と戦いながら自立していく姿が子どもたちのあこがれになっていくからだろう。スイミーは１匹だけ体の色が違う。そのマイナスをものともせず強く生きていく。最後に魚の目となり、まぐろを追い出す場面ではまさにヒーローである。元気を取り戻し、難題に対してみんなで力を合わせて立ち向かう協力の心を、自我が目覚め始めるこの時期の子どもたちと読み深めたい。
　文章は、体言止め、倒置法、美しい比喩など、読者を物語の世界に引き込む手法がふんだんに取り入れられている。谷川俊太郎の訳による感性溢れる簡潔な表現は、人物の行動や心情を豊かに想像させる。様子や気持ちと改めて問わなくても、音読を生かすことで読み深められるだろう。物語は時間的経過で展開していく。見開きで一場面となっており、スイミーの心情の変化

によって5場面が構成されている。語句や叙述はさほど難しくなく、表現の効果に気付かせることもできる。

(2) 特別なニーズをもつ子どもが生きる単元に
　実践学級には「自閉症スペクトラム」「言語（機能）障がい・注意欠陥障がい」と診断された子どもがいた。二人とも読書には興味を示すが、抽象的思考や推論には課題を持っている。コンスタンスは、「読み理解に困難のある子どもたちは、認知面の特性により、文字情報を理解することが困難であり、その個別の指導計画には、環境調整や課題改善が必要」と述べ、次の6点を挙げる。

○予備知識やこれまでに得た知識を活用する。
○新出単語・語彙を予習する。
○以前学習した内容と新しい内容とを関連づける。
○内容をまとめるためのストラテジー（誰、何、いつ、どこ、どのように）を教える。
○ストーリーマップ（主題、登場人物、場面設定、内容や出来事、問題、結末などを系統立ててまとめた図表）を用いた作文の書き方を教える。
○声を出して読む、読み方の手本を見せる、そして内容の関連づけや視覚化、予測、質問、推論などをさせることで、内容の理解につなげる。
（コンスタンス2007, pp.72-73）

さらに、コンスタンスは次のように述べる。

　これらの支援の多くは、教師が子どもたちに対してはっきりと分かりやすいように具体的に指導する必要があるものです。その後、子どもたちが教師の支援を受けながら読むことができるレベルと、支援なしに自力で読むことができるレベルの文章を使って練習します。目標は、すべての子どもたちに役立つ読みストラテジーを教え、それを強化していく

> ことです。(中略)ですから、読書エリアの整備については念入りに計画し、適切な本を備蓄しておく必要があります。読み障害のある子どもたちにとって最も重要なことは、自力で読むことができるレベルの本を自ら探して読むことです。(コンスタンス2007, p.73)

　「読み理解」の困難に対する具体的な環境調整・課題改善が提案されている。これらは、授業場面でよく見受けられる手立てであるが、あえて挙げているのは、それを意識的に行うことの重要性を示したと考える。
　また、難波博孝は「文学教育と特別支援教育の意義」について、文学教材が強力な「言葉の学びの教材」「文学作品が持つ文学体験の力」「新たな人間関係の構築」という3点を挙げている（難波2010, p.149）。本単元設定においては、特にその2点目に注目したい。加えて難波は、「日常生活の中で障害によること以上に、二次障害によって生きにくさを感じている子どもたちに、日常から自身を解き放ち虚構世界に生きて文学体験することで、日常で生きる力を再び得ることができるのである」と説明し、文学体験にいざなう活動を、次の4段階にまとめている（難波2007, pp.26-29）。

○「参加」　読者の分身が「語りの世界」に入ること
○「同化」　読者の分身が登場人物と同じような感情をいだき、同じように悲しみ喜ぶこと
○「対象化」登場人物に距離をおき、自分の分身から少し距離をおいてみること
○「典型化」文学体験を経た自分がいつもの自分と対話を始め、現実の自分の行動や思考感情に影響を与えること

　本単元では「読書と関連付けること」「読みのストラテジーを示すこと」「参加→同化の文学体験を重視すること」を受けて、環境調整、課題改善を図りながら授業改善に迫る。

(3) 物語の特性を生かした指導
　(ア) 絵本の楽しさを言語活動に
　「読み理解」の指導計画において、コンスタンスは読書エリアの環境調整・課題改善が必要であると述べた。「子どもたちが自身で読むことができる読みレベルのさまざまな種類や分野の本を提供する」「子どもたちが興味をもっている本を身近に置く」という「読書との関連付け」がある。そこで、比較的読書を好むという2人の特性を生かし、レオ＝レオニの絵本の読み聞かせから入ることにした。単元導入の「準備ストラテジー」が可能である。作品世界を楽しんだ子どもたちが自ら読書に向くよう、レオ＝レオニコーナーに28冊の絵本を用意した。ブックリスト【資料1】を配布することで、単元導入時からの並行読書が期待できる。

　また、本学級の子どもたちは図画工作が大好きである。特に教育的ニーズを必要とする1人は、言語理解よりも同時処理に優位性が見られる。生活場面では友達とよく絵を描いており、視覚認知の方が得意だと思われた。レオ

読みましょう「レオ・レオニの絵本」　　　　名前（　　　　　）

	本の名まえ	一言かんそう		本の名まえ	一言かんそう
1	あいうえおのき		15	せかいいちおおきなうち	
2	あおくんときいろちゃん		16	ティリーとかべ	
3	アレクサンダとぜんまいねずみ		17	どうするティリー	
4	いろいろ1ねん		18	ねずみのつきめくり	
5	うさぎをつくろう		19	ひとあしひとあし	
6	うさぎたちのにわ		20	びっくりたまご	
7	おんがくねずみジェラルディン		21	フレデリック	
8	ここにいたい！あっちへいきたい！		22	ペツェッティーノ	
9	コーネリアス		23	ぼくのだ！わたしのよ！	
10	さかなはさかな		24	マシューのゆめ	
11	じぶんだけのいろ		25	みどりのしっぽねずみ	
12	スイミー		26	6わのからす	
13	マックマウスさん		27	シオドアとものいうきのこ	
14	はまべにはいしがいっぱい		28	チコときんいろのつばさ	

【資料1】レオ＝レオニコーナーに用意した絵本

ニの挿絵の美しさに触れた子どもたちは絵画的な表現意欲を高めるだろう。図画工作科の「版画遊び」と関連させ、自分の絵本を作る言語活動を中核にしたいと考えた。

(イ) 全体から部分へ

同時処理の強い子どもの指導方法として、熊谷は「全体をふまえた教え方＝指導のねらいの本質的な部分を含んでいるような課題を初めから提示する指導」「全体から部分へ＝複数の刺激を１つのかたまりとして初めからいちどに提示し、刺激全体をとらえさせてから細部へ移行させていく指導」「関連性の重視＝提示された複数の刺激間の関連性に注目させる指導」を提案している（藤田・青山・熊谷1998）。本実践では明暗の構造がはっきりしている教材の特性を生かし、この「全体から部分」「関連性」を指導のキーワードにする。

物語は、スイミーの心情を表す感情形容詞と情景描写で、明暗のはっきりした構造になっている【資料２】。その言葉を見付ける作業を通して全体を見通し、作品の構造に気付くようにさせる。初めから５つに分けて場面をとらえさせるのではなく、全体から部分の関連性を発見できるように作業学習を仕組んでいく。具体的には初読の感想を整理する活動、心情を色分けして構造をつかむ活動などを考える。詳細は実践で述べる。

(ウ) 個の思いを生かす

教育的ニーズのある子どもたちは、自分に自信のないことが多い。成功体験が少ないことや周囲と違う思考や行動が理解されにくいからである。それが２次障がいにつながることもある。言語性ＩＱが弱い場合は特にその思いが強く、自己表現したがらない。そこで、でき

【資料２】物語の構造

順番	1	2	3	4	5
心情	明	暗	暗・明	明	明
場面	仲間との楽しいくらし	恐ろしいまぐろの襲撃	元気を取り戻す旅	新しい仲間を見付けた喜び	仲間とまぐろを追い出す

るだけ個の思いを全体に返す場を設けるようにする。自分の思いを友達に認めてもらったり、自分と同じ思いの友達を見付けたりすることで少しずつ自信を付けていってほしい。スモールステップの学びで、子ども自身に学びの形成過程を自覚できるように配慮する。また、集団で認め合う場を常に作るようにしたい。

(4) 単元計画
　① 単元の目標
◎ 場面の様子について、登場人物の行動を中心に想像を広げながら読むことができる。（C「読むこと」ウ）
◎ 語と語や文と文との続き方に注意しながら、オリジナル絵本を作成することができる。（B「書くこと」ウ）
○ 文章の中の大事な言葉や文を書き抜くことができる。（C「読むこと」エ）
　② 単元の評価規準
【国語への関心・意欲・態度】
　・レオ＝レオニの作品の並行読書で、同一作家の作品を読む楽しさを味わおうとしている。
【書く能力】
　・語と語や文と文の続き方に注意しながら、想像したことを加えて一人称の物語にリライトしている。
【読む能力】
　・登場人物の行動や会話に着目しながら、想像を広げて読んでいる。
　・文章の中の大事な言葉や文を書き抜いて、場面の様子を押さえながら読んでいる。
【言語についての知識・理解・技能】
　・文の中における主語と述語との関係に気付いている。
　③ 単元の指導計画（全14時間）
第１次　学習課題をつかみ、学習計画を立てる。
　１時　題名読みから全文を読み、初読の感想を書く。

2〜3時　感想の交流をして学習の目当てを決め、学習計画を立てる。
第2次　登場人物の行動から場面の様子を想像し、一人称の物語にリライトする。
　1時　スイミーの行動や心情を表す言葉を見付け、物語の構造をとらえる。
　2時〜8時　五つの場面を想像して読み、一人称の物語にリライトする。
　　　　　図画工作との関連学習「版画遊び」で作成した挿絵に、順次文章を書き込んでいく。
第3次　出来上がった絵本を読み合い交流する。
　1時〜3時　学級内、1年生、保護者に読んでもらい、学習をまとめる。

4．実際の指導

(1) 教材への「参加」の過程を大切にする

　単元設定では、「予備知識やこれまでに得た知識を活用する」環境調整を大切にしたい。そのために難波の提案する「参加」の過程を丁寧にする。まず、導入前に「読み聞かせ」と「並行読書」を取り入れる。レオ＝レオニという作者を知ること、その作品の特性（挿絵の美しさ）に触れることをねらった。このしかけで教材にスムーズに出会え、単元設定も容易になる。
　教材との出会いでは「海のヒーローたち」のビデオを視聴し、教師の読み聞かせを行う。作品への「参加」がよりスムーズになるだろうと考えた。【資料3】は全員の感想を整理した一覧表である。だれがそれを書いたか分かるようにしておくとよい。一覧表にすることで全員の思いを共有でき、そこから学習のヒントを得られる。子どもたちは一覧表に名前を見付けると、「あった。」と嬉しそうにマーカーで印を付けた。同じことを書いた子どもの名前を呼ぶと顔を見合わせて頷く。自分を認められた喜びを感じさせられる。ただし、これはどの子どもにも最良の方法ではない。自分を出したくない心理状態の子どもにとっては、逆効果になることもある。子どもの心理状態に合わせて取り入れたい。
　感想交流の中で、子どもたちの学びに対する気持ちを整理すると、次の9つに絞られた。（【資料4】）

第2章 小学校② スイミーのオリジナル絵本をつくって、1年生に読み聞かせよう

3 元気になった

① きれいなものがすきだから、だんだん元気をとりもどしたのかな。 ／ 新川
② にじ色のゼリーってどんなの。 ／ つじ
③ うなぎのしっぽがながかった。 ／ 大の・田ぶき
④ くらげの絵がないから、わからない。 ／ いの上
⑤ やしの木みたいなそぎんちゃくってなあに？ ／ くり林
⑥ 一ぴきのこらずたべられたのに、なぜ赤い魚がいるの。 ／ 金ざし・竹森・たけい
⑦ なんかまができてうれしいだろうな。 ／ つじ
⑧ スイミーは、小さな赤い魚たちに、いせえびやくらげを見てもらいたかったとおもう。 ／ こうち
⑨ なんで、しらない魚とくむんだろう。 ／ つじ
⑩ なんで、海の魚たちは、たたかわないのかな。 ／ 上田

4 まぐろをおいだした

⑪ 大きな魚になるのをよく考えたね。 ／ こうち
⑫ よく、でっかい魚にへんしんできたね。 ／ ふく田
⑬ きょうだいに会えて、うれしいだろうね ／ たけい
⑭ スイミーがあんな力をだして、なんで赤い魚を手つだうの ／ 近どう
⑮ スイミーはなんで見ぬけなかったのかな。 ／ たけい
⑯ 一回で、でかいさかなになれたのかな。 ／ つじ
⑰ みんなできょう力して、まぐろをおいだしたところがよかった。 ／ 山田・いじま・金ざし・中わ・と田・林・おし海・
⑱ まぐろを、小さな魚たちでおいはらえたね ／ 大はら
⑲ まぐろをおいだして、うれしいだろうね ／ ふく田
⑳ さびしいことも、たのしいこともあった。 ／ 近どう

【資料3　全員の感想一覧表】

○スイミーのクイズを作る。
○スイミーの本を作る。
○スイミーのことをしらべる。
○スイミーの気もちを考える。
○スイミーのお話をつくる。
○音読をする。
○1年生に聞かせてあげる。
○スイミーのカレンダーをつくる。
○レオ＝レオニさんの本を読む。

　これらは今までの学習経験の中から出されたものである。既習の学びを生かしながら新しい学びに向けた意欲を高め、「スイミーのオリジナル絵本をつくって1年生に読んであげる」という目当てを決めた。また、ゴールに向かってどのような活動が必要かを考え学習計画を立てる。経験したことから入る安心感と、図画工作科で挿絵を描き、オリジナルの絵本を作るという新

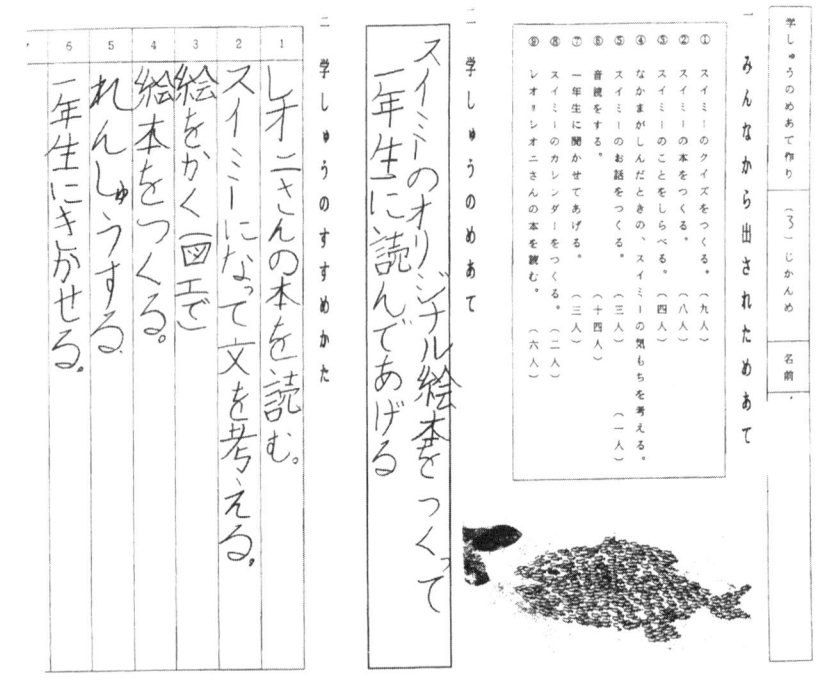

第Ⅳ部　通常学級におけることばの授業づくり

【資料4　子どもたちと立てた学習計画】

学しゅうのめあて作り　（3）じかんめ　名前・

みんなから出されためあて
① スイミーのクイズをつくる。（九人）
② スイミーの本をつくる。（八人）
③ スイミーのことをしらべる。（四人）
④ なかまがしんだときの、スイミーの気もちを考える。（三人）
⑤ スイミーのお話をつくる。（十四人）
⑥ 音読をする。（三人）
⑦ 一年生に聞かせてあげる。（二人）
⑧ スイミーのカレンダーをつくる。（六人）
⑨ レオ＝レオニさんの本を読む。（一人）

二　学しゅうのめあて
スイミーのオリジナル絵本をつくって一年生に読んであげる

二　学しゅうのすすめかた
1　レオニさんの本を読む。
2　スイミーになって文を考える。
3　絵本をつくる（図工で絵をかく）。
4　絵本をつくる。
5　れんしゅうする。
5　一年生にきかせる。

しい学びに意欲を持つことができた。

(2) 全体から部分へ向かう「読み理解」

　初読の感想に「スイミーにはさびしいこともたのしいこともあった。」という発見があった。これを生かして全体から部分へ向かう読みを展開する。作品全体が見渡せるように1枚のワークシートにした。(【資料5】)「寂しいことには青、楽しいことはオレンジをぬろう」という学習問題を提示すると、「明→暗→暗・明→明→明」という物語の構造が一目瞭然となった。そこで、初読の感想を整理したワークシートと比較しながら物語の構造をつかむことにする。スイミーの行動や心情と合わせて場面ごとに小題をつけ、あらすじをつかむ学習へ発展させた。挿絵も入れることで、視覚的な手がかりとして、

第2章　小学校②　スイミーのオリジナル絵本をつくって、1年生に読み聞かせよう

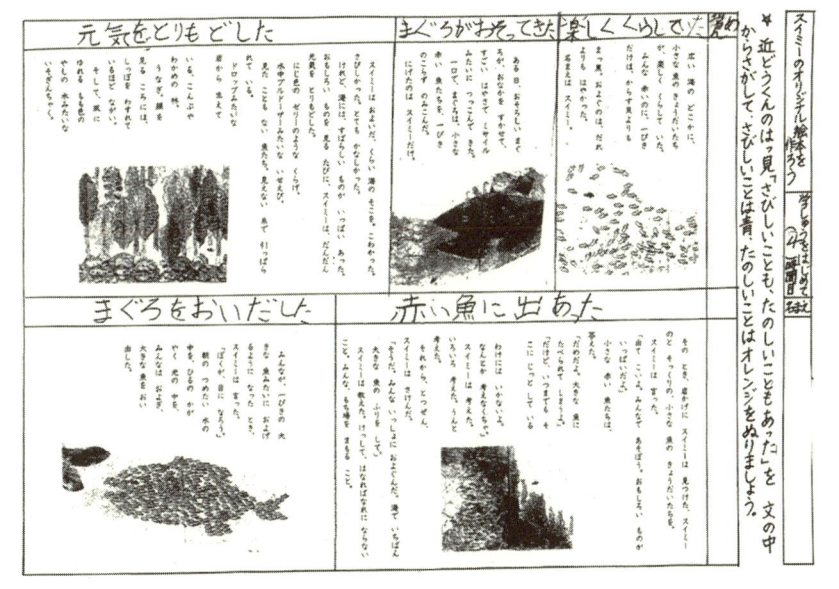

【資料5　物語の構造をつかむワークシート】

「だれが」「いつ」「どこで」「何をした」「なぜ」という視点でまとめていく。場面の順、時間の経過、スイミーの心情と挿絵の関連性を生かすことができた。全体から場面（部分）へ向かう「読み理解」が可能になると考える。ことばだけでなく、視覚的な手がかりを用いることも大切である。

(3)　スモールステップで学びを積み重ねる

　スイミーのオリジナル絵本を作るという言語活動に子どもたちは意欲的に取り組んだ。まず、一人称の語りを理解するために、1年生の教材「ずうっと、ずっと、大すきだよ」と絵本『ぼくたちまたなかよしさ！』を読み聞かせた。その後、ミニレッスンを取り入れ、一人称の語りに慣れさせた。一人称に語り変えるということは、難波の「同化」体験につながると考えた。自分をスイミーにしてしまう方がより心情に迫れる。自己紹介に必ず残したい言葉を教材文から選び、想像を付け加えて自己紹介文を書く。スモールステップの学びにすることで個別の指導が容易になる。版画遊びで作成した最初の場面

第Ⅳ部　通常学級におけることばの授業づくり

の挿絵に、自己紹介文を書き込ませた。第1場面を手に全員が満足げであった。(【資料6】)

　教育的ニーズが必要な2人も、ミニレッスンを取り入れたことで、リライトがスムーズにできた。海に見立てた教室で、動作化を取り入れた音読をしたことも有効だったと考える。1人は次のように自己紹介文を書き上げた。
「ぼくはスイミー。きょうだいたちはみんな赤いのに、ぼくだけからす貝よりも真っ黒なんだ。でも、およぐのはだれよりもはやいのさ。色はちがっても、ぼくたちなかよしで、広い海の中で、楽しくくらしてたんだ。でも、とってもこわいことがあったんだ。その話を聞いてほしいな。」
スモールステップの学びにより、継続して学習に取り組む意欲を高めていく。

【資料6】最初の場面のリライト

(4) 視覚的な手がかりを活用する

　視覚的な手がかりとして、挿絵やビデオは有効である。まぐろがおそってきた場面では、まぐろの大きさやそのこわさをイメージできるよう、「あつまれ海のなかまたち」というビデオを視聴した。その後、教室を海に見立てて、ビデオを壁に映しながら2グループに分けて動作化をした。15匹のスイミーが教室の海を逃げ回り、一方のグループが音読役となる。交代で活動後、まぐろにおそわれた場面をリライトした。【資料7】全文を書き直すのではなく、印刷した教材文に一人称の書き換え、思いを付け加えるなど簡単に取り組めるようにした。書字に苦手意識をもつ子どもにとっては抵抗が減り、取り組みやすくなるだろう。だが、映像はあくまでも手がかりであり、言葉と結びつけてイメージすることを忘れてはならない。

　教育的ニーズを必要とする子どもはビデオを視て、「でかくてこわかった。ほんとに、ミサイルみたいにはやかった。小さい魚だから、かいじゅうみたい（に思えるぐらい）にこわかった。」とイメージした。「ミサイル」は「ロケットのような」と自分なりに置き換え、理解を補足している。そして、「たいせつなぼくのきょうだいたちを」「ぐすん・・・。きょうだいを・・・・」と思いを付け加えた。映像や動作化による視覚的な手がかりで、自分なりに言葉を豊かにしていることがうかがえる。

　リライトした文章は、【資料8】のように版画で作成した絵に書き込んでいく。水中はマーブリングで、魚は紙版画で作成した。この挿絵作成でも自分なりの読みの様子が見受けられた。教材の挿絵では、大きなまぐろを水平にして、赤い魚たちを襲わせている。赤い魚たちはバラバラに逃げまどい、スイミーは下方に逃げている。

　ところが、資料の子どもは、まぐろを右上から襲いかからせた。この方がスピード感が増し、怖さもより強調される。また、赤い魚は集まっていて、スイミーだけが下方に逃げている。かたまっている訳を尋ねると、「ばらばらだったら、助かった赤い魚がいるかもしれん。こわくてかたまっとったと思う。」と答えた。赤い魚を配置するときに考えたのだろう。絵画表現でも「なぜ」と問えば、その子なりの答えが返ってくることを大切にしたい。

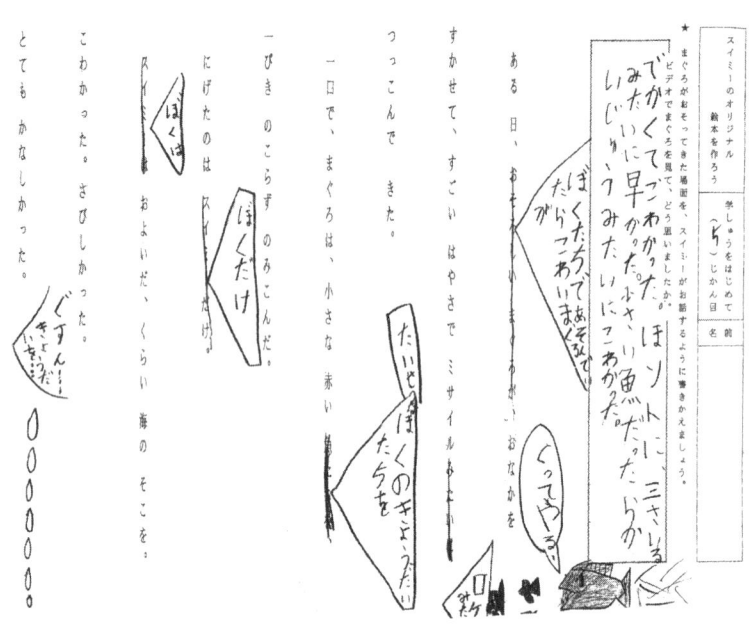

第Ⅳ部　通常学級におけることばの授業づくり

【資料7　まぐろにおそわれた場面のリライト】

【資料8】まぐろにおそわれた場面

第2章　小学校②　スイミーのオリジナル絵本をつくって、1年生に読み聞かせよう

　視覚的な手がかりとして絵本の活用も提案してきた。「スイミーが元気を取り戻す場面」では、「くらげの絵がない」ことを発見した感想を学習問題にした。(【資料9】)絵本『スイミー』と比べ読みをすると、スイミーが元気を取り戻すために海の中を探検する様子が詳しく描かれていることに気付く。教科書の挿絵は最後のいそぎんちゃくの場面である。子どもたちは、「ゼリーのようなくらげ」や「水中ブルドーザーみたいないせえび」に興味を示した。そこで、ビデオ「海の不思議な生き物たち（ＫＩコーポレーション）を視聴すると、海の素晴らしさに驚き、「これならスイミーも元気になる。」と確信した。

　絵本やビデオで発見した海の様子を参考にして、スイミーの見たものを自分の言葉で付け加えた友達から「じゅうたんみたいなさんごをよくみつけたね。」と評価してもらい嬉しそうだった。(【資料10】)

　スイミーが元気を取り戻した場面では、美しい海の中をいろいろな絵画手

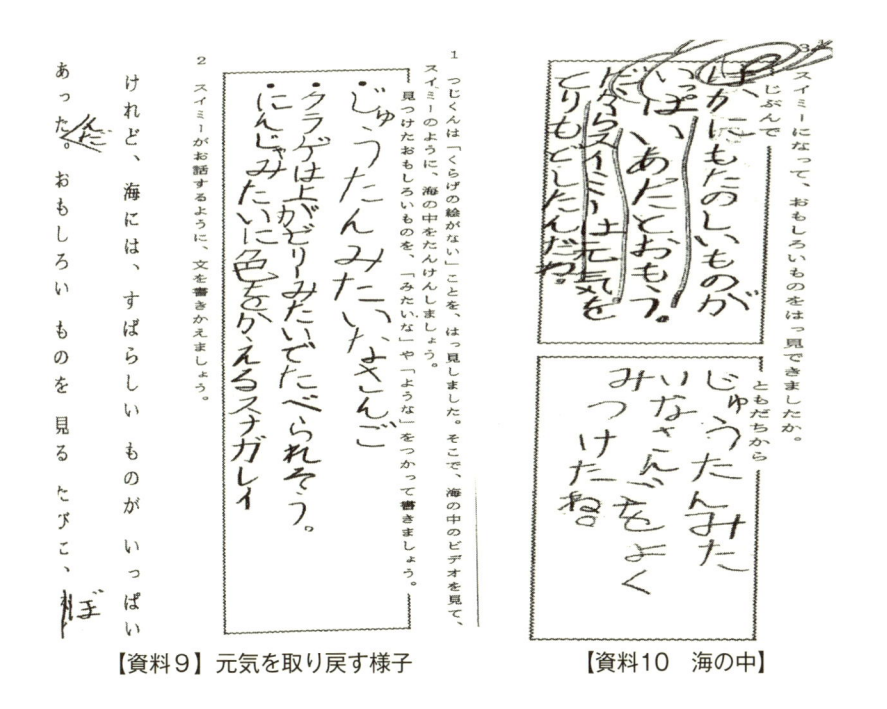

【資料9】元気を取り戻す様子　　　【資料10　海の中】

第Ⅳ部　通常学級におけることばの授業づくり

> けれど、海にはすばらしいものがいっぱいあったんだよおもしろいものを見るたびにぼくは、だんだんげんき気をとりもどした。
> にじ色のゼリーのようなくらげ。
> 水中ブルドーザーみたいないせえび。
> 石みたいにかくれているくらげ。
> 見たこともない魚たち。
> みえない糸でひっぱられているドロップみたいな岩から生えている、
> こんぶやわかめの林。
> ほたるのようにひかる魚たち。
> うなぎ顔を見るころには、しっぽをわすれているほどながいなぎ。
> そしてかぜにゆれるもも色のやしの木みたいないそぎんちゃくをね。

【資料11　スイミーが元気を取り戻した場面】

法を使って表現し、自分の選んだ様子を書き込んだ。【資料11】は虹色のゼリーのようなくらげに惹かれた子どもの作品である。美しいくらげを追いかけているスイミーを描いている。文章には他の子どものような工夫はさほど見られないが、絵にすべてをこめているのだろう。

(5) 「実の場」で成功体験をする

　教育的ニーズの必要な子どもたちに如何に成功体験を持たせるか。コンスタンスは「多様な学習者は、彼らのニーズを支援し、成功を保証する構造が組み込まれていない限り目標を達成できたかどうか認識することはできない」と述べる（コンスタンス2007, p.123）。たとえスモールステップでも、自分の学びが目標に近付いていることを自覚し、最後には成功したという実感

を味わうことが大切なのだ。その成功体験は他から認められることによって、一層確かなものとなる。

本単元では「1年生に読み聞かせる」という「実の場」でそれが成就されることをねらった。自分の作品に愛着はあるものの、読み聞かせに不安な子どもがいる。そこで、友達どうしで読み合い、家でも披露した。安心できる場で、まず自信をもたせたいと考えたのである。【資料12】のように大好評であった。「世界にたった1さつのすばらしい絵本」「楽しい本にへんしんしたね」「たからものにしようね。」などの嬉しい言葉を全員がもらい、第1段階の成功体験を味わうことができた。筆者にも、「導き方1つで子どもはたくさんの可能性をもっているんでしょうね」と励ましの言葉を頂いた。

いよいよ1年生への読み聞かせである。動作化を入れたことで、音読にも

【資料12　保護者からの感想】

第Ⅳ部　通常学級におけることばの授業づくり

【資料13】１年生の感想

心が込められるようになった。胸の鼓動を抑え、少しの期待を抱いて１年生の教室へ向かう。読み聞かせは初めてではないが、やはり自分の作った絵本を受け入れてもらえるだろうかと思ったのだろう。「終わりの言葉」のときは、どの子も笑顔が溢れていた。「うみのなかには、いろのあるさかなやくらげやいせえびがいてきれいでした。本をつくるのはむずかしかったでしょう。」と、本人が工夫したことを認めてくれる感想もあった。(【資料13】)下級生から尊敬されたのである。学校生活においてこれほどの成功体験はない。自分の存在感を実感したひとときだった。

５．成果と課題
(成果)
- ○　「実の場」の成功体験は、自己存在感を高め、自尊感情につながる。
- ○　図画工作科と関連させた「オリジナル絵本」は子どもたちの関心。意欲を高め、明確な学習目標となった。

○ スモールステップの学びは、子ども自身が形成過程を知り、教師の支援が入りやすい。
○ 絵本やビデオを使った視覚化、動作化で、教育的ニーズの必要な子どもだけでなく全員が理解しやすい。
○ 全員の思いや考えを知る場を作ることで、共感的・協同的な学びになる。
○ 友達同士の言葉による形成評価を取り入れることで、相手理解につながる。

（課題）
○ 個に応じた環境調整や課題改善をどのように仕組んでいくか。
○ 教育的ニーズの必要な子どものグループ活動への配慮をどのようにするか。
○ 「読み理解」のつまずきをどのように把握するか。

　図画工作科と横断させた本実践は、特殊であるかもしれない。しかし、これからの国語科は絵画や音楽、演劇などのあらゆる表現活動、他教科の学びと関連させていくことが望ましい。日常生活は細切れでなく、いろんなものとつながっている。そして、すべてが何かしらの表現を伴う、コミュニケーションなのだ。言語だけで考えようとすると、教育的ニーズの必要な子どもたちを枠から出してしまう。多様なニーズの子どもたちを多様な手法で受け止めていく授業のあり方についてさらなる実践を追究したい。

引用参考文献

今井美都子（2010）「「スイミー」の授業実践史」浜本純逸監修・難波博孝編『文学の授業づくりハンドブック第1巻—授業実践史をふまえて　小学校・低学年編／特別支援編』溪水社

ハンス＝ウイルヘルム／久山太一訳（2010）「ずうっと、ずっと、大すきだよ」『光村図書1年下』

ハンス＝ウイルヘルム／久山太一訳（1988）『ぼくたちまたなかよしさ！』評論社

難波博孝（2010）「特別支援教育における文学教育」浜本純逸監修・難波博孝編『文学の授業づくりハンドブック—授業実践史をふまえて　第1巻　小学校・低学年

編／特別支援編』渓水社
難波博孝・三原市立三原小学校（2007）『文学体験と対話による国語科授業づくり』明治図書出版
藤田和弘・青山真二・熊谷恵子（1998）『長所活用型指導で子どもが変わる』図書文化
コンスタンス・マクグラス（2007）川合紀宗訳（2010）『インクルーシブ教育の実践』学苑社
レオ＝レオニ／谷川俊太郎訳（2010）「スイミー」光村図書2年上
レオ＝レオニ／谷川俊太郎訳（1969）『スイミー』好学社

（稲田　八穂）

第3章
中学校・高等学校　中学校国語科における
コミュニケーションの授業
―特別支援学校／学級に学ぶ通常学級での取り組み―

1. はじめに

　ある市立中学校の特別支援学級で副担任を務めていたとき、1人の保護者から「小学校まで仲良くしていたお友だちが、中学生になって娘と全くかかわってくれなくなりました」と聞いたことがある。特別支援学級の生徒が、通常学級に在籍するかつての友人と良好な関係が築けず、自身のコミュニケーションに自信を失っていく。もちろん通常学級に在籍する生徒同士であっても、心身の発達上の変化が著しい中学校段階にあって人間関係に悩み苦しむ姿は頻繁に見られる。

　こうした実態に対して言語を扱う国語科では、学習指導要領で「言語は論理的思考だけではなく、コミュニケーションや感性・情緒の基盤」（文部科学省2008, p.53）と明記されている以上、障害当事者を含むすべての学習者にコミュニケーションに関する指導を行う必要がある。特に、障害のある生徒が他者とどのようにコミュニケーションを取るかという障害当事者への指導と並行して、障害のある他者との望ましいコミュニケーションを模索するという、健常者・定型発達者への指導も重要となる。しかし現在、コミュニケーションに関する指導は、「人間関係」や「コミュニケーション」という観点が明示された「自立活動」が設定される特別支援学校／学級で障害当事者への取り組みが行われていても、通常学級における障害当事者等とのかかわりを見通した、すべての学習者に対するコミュニケーションに関する指導は、国語科ではあまり行われていない。

　各教科でも取り組むとされる「自立活動」をはじめ特別支援学校学習指導

要領では、小学部・中学部・高等学部の国語科で頻繁に「コミュニケーション」という語を目にするのに対し、小・中学校の学習指導要領国語科では「コミュニケーション」という語が全く見られない。しかし、国語科の目標の1つが「伝え合う力を高める」ことである点や、通常学級には特別な教育的支援を必要とする児童生徒が、6.5％存在しているという文部科学省の調査結果からも、通常学級においてもコミュニケーションに関する指導を充実させる必要がある。本章では特別支援学校／学級での取り組みに学びつつ、通常学級における国語科で、コミュニケーションに関する授業を具体的に考えていく。

2．特別支援学校／学級におけるコミュニケーションに関する取り組み

(1) 自立活動「人間関係の形成」「コミュニケーション」に学ぶ

　(ア) 自立活動とは

　特別支援学校学習指導要領は「自立活動」の目標を、「個々の児童又は生徒が自立をめざし、障害による学習上又は生活上の困難を主体的に改善・克服するために必要な知識、技能、態度及び習慣を養いもって心身の調和的発達の基盤を培う」としている（文部科学省2009，p.32）。自立活動の指導は、特別支援学校／学級や通級指導において時間を設けて行われるだけでなく、各教科でも取り組まれるものとされている。また通常学級に在籍している生徒についても、「通級による指導の対象とはならないが障害による学習上又は生活上の困難の改善・克服を目的とした指導が必要」な場合があり、通常学級においても自立活動の内容を参考に、適切な支援が行われることが重要である。自立活動はこれまで、「健康の保持」「心理的な安定」「環境の把握」「身体の動き」「コミュニケーション」という5つの区分で指導が展開されてきたが、2008年の学習指導要領改訂で「人間関係の形成」が加えられ、6つの区分から自立活動が取り組まれるようになった。「人間関係の形成」が新たに加えられた背景としては、近年特に多く見られるようになった自閉症スペクトラム障害への対応のためだと考えられている（新井2009a）。自閉症スペ

クトラム障害の特性は、対人関係・コミュニケーション・想像力への難しさの３点が指摘されるが、こうした障害特性に教育的支援を行うべく「人間関係の形成」が設定されたのである。

　通常学級の生徒と主にかかわる教員にとって自閉症スペクトラム障害は、おそらく頻繁に目にする障害であろう。なぜなら先に取り上げた、通常の学級における特別な教育的支援を必要とする児童生徒は6.5％存在するという調査結果は、自閉症スペクトラム障害や注意欠陥・多動性障害、学習障害など、自らがかかわる児童生徒が「知的発達の遅れはないものの学習面又は行動面で著しい困難を示す」かどうかについて、教員に回答を求めたものだからである。このように考えると、通常学級ですべての学習者に対してコミュニケーションの指導を行うためには、自立活動の「コミュニケーション」と並んで「人間関係の形成」からも学ばなければならない。

　ここで自立活動「人間関係の形成」と「コミュニケーション」について、『特別支援学校学習指導要領解説自立活動編（幼稚部・小学部・中学部・高等部）』をもとに、その概要について簡単に確認しておく。

3　人間関係の形成……自他の理解を深め、対人関係を円滑にし、集団参加の基礎を培う。
(1)　他者とのかかわりの基礎に関すること……人に対する基本的な信頼感をもち、他者からの働き掛けを受け止め、それに応ずることができるようにする。
(2)　他者の意図や感情の理解に関すること……他者の意図や感情を理解し、場に応じた適切な行動をとることができるようにする。
(3)　自己の理解と行動の調整に関すること……自分の得意なことや不得意なこと、自分の行動の特徴などを理解し、集団の中で状況に応じた行動ができるようになる。
(4)　集団への参加の基礎に関すること……集団の雰囲気に合わせたり、集団に参加するための手順やきまりを理解したりして、遊びや集団活動などに積極的に参加できるようになる。

> 6　コミュニケーション……場や相手に応じて、コミュニケーションを円滑に行う。
> 　(1)　コミュニケーションの基礎的能力に関すること……表情や身振り、各種の機器などを用いて意思のやりとりが行えるようにするなど、コミュニケーションに必要な基礎的な能力を身に付ける。
> 　(2)　言語の受容と表出に関すること……話し言葉や各種の文字・記号等を用いて、相手の意図を受け止めたり、自分の考えを伝えたりするなど、言語を受容し表出することができるようにする。
> 　(3)　言語の形成と活用に関すること……事物や現象、自己の行動等に対応した言語の概念の形成を図り、体系的な言語を身に付けることができるようにする。
> 　(4)　コミュニケーション手段の選択と活用に関すること……話し言葉や各種の文字・記号、機器等のコミュニケーション手段を適切に選択・活用し、コミュニケーションが円滑にできるようにする。
> 　(5)　状況に応じたコミュニケーションに関すること……場や相手の状況に応じて、主体的なコミュニケーションを展開できるようにすること。

(イ)　特別支援学校における自立活動の実践

　茨城大学教育学部附属特別支援学校は、以上のような「人間関係の形成」および「コミュニケーション」をはじめ、障害特性に応じた自立活動の実践を紹介している。たとえば自閉症児のコミュニケーション力を育てる自立活動の実践では、まず対象児の言語面での実態をとらえ、指導課題や教材の設定を行っている（図１）。その際には、「機械的に指導項目や教材を決めるのではなく、必ず保護者や本人、あるいは担任の願いを聞きながら、指導内容を決定していく」（三村2009, p.42）ことが重要であると述べられている。その上で、「やりとり（もの）学習」と「社会的状況学習」の実践が詳細に報告されている。

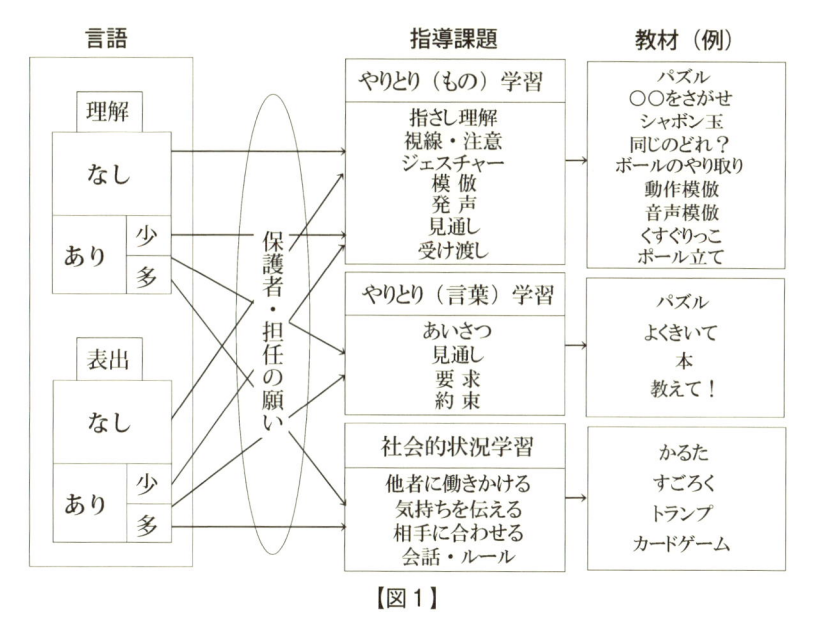

第3章　中学校・高等学校　中学校国語科におけるコミュニケーションの授業

言語	指導課題	教材（例）
理解 なし／あり（少・多）	やりとり（もの）学習：指さし理解、視線・注意、ジェスチャー、模倣、発声、見通し、受け渡し	パズル、〇〇をさがせ、シャボン玉、同じのどれ？、ボールのやり取り、動作模倣、音声模倣、くすぐりっこ、ポール立て
表出 なし／あり（少・多）	やりとり（言葉）学習：あいさつ、見通し、要求、約束	パズル、よくきいて、本、教えて！
（保護者・担任の願い）	社会的状況学習：他者に働きかける、気持ちを伝える、相手に合わせる、会話・ルール	かるた、すごろく、トランプ、カードゲーム

【図1】
「自閉症児のコミュニケーション指導の構造図」（三村2009, p.43）

　「やりとり（もの）学習」では、A児がパズルやA児が写った写真、絵カード、ボールなど、ものを媒体とした教員とのやり取りを通して、コミュニケーションの萌芽が見られる報告となっている。はじめは教員が指さした先を全く見ようとしなかったA児が、「教師と1対1で向き合える教室の中で、遊びを通して教師とやりとりをしていく中で、指さし理解や、教師への振り返り、要求の動作が見られるようになった」（三村2009, p.50）という。

　また「社会的状況学習」ではB児がすごろくゲームを通して、コミュニケーションの様相に変化が見られた報告となっている。B児は、他の児童や教員とゲームの準備として机をともに運ぶことを繰り返す中で、はじめは他者の顔を全く見ずに机を運んでいたB児は、少しずつ状況に応じた行動が取れるようになったという。またすごろくの駒の色を決める際には、自分勝手に決めるのではなく他の児童や教員に尋ねてから決めるようになったこと、ゲームで負けて怒り騒ぐのではなく「くやしかったよ」と気持ちを伝えておさ

181

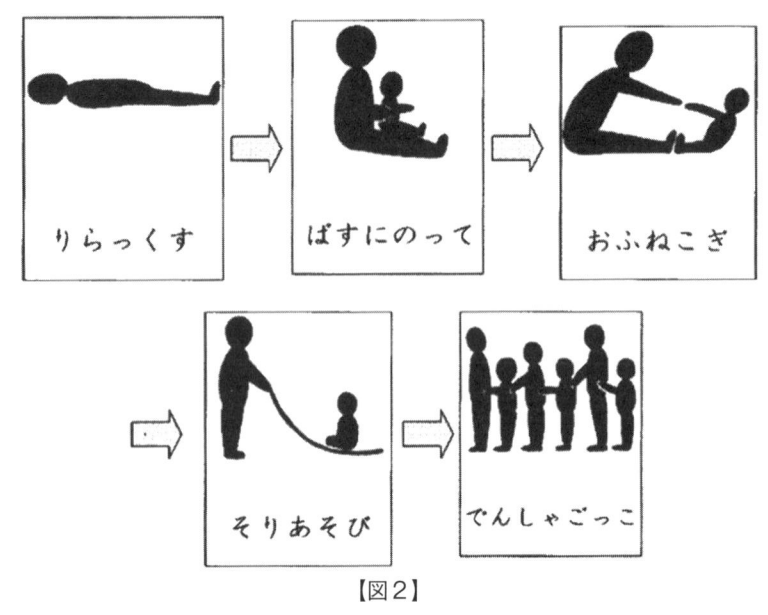

第Ⅳ部　通常学級におけることばの授業づくり

【図2】
ムーブメントにおける「活動への手がかり」（安藤ほか2009, p.138）

めるようになったことなどが、実践の成果として述べられている。そして報告の最後には、「他者である教師が子どもからの働きかけをどう受け止めて、子どもにどう返していくかということを意識して、自閉症児のコミュニケーション力を高めていこうとする実践であった」と意味づけされており、「自閉症児への自立活動においては、単にパターン化されたスキルを教えようとするのではなく、教師が子どもの行動や反応に対して、タイムリーにどう応答していくかということが問われる」との指摘がある（三村2009, p.60）。

さらに、「人間関係の形成に課題を持つ子どもが小集団の中で楽しく満足のいく活動に参加しながら他者との関係づくりを発展させていくためには、身体や表情を媒介としたプログラムを用意することが必要」（安藤ほか2009, p.130）として、人間関係の形成をねらいとしたムーブメントの実践報告もなされている。ここで取り上げられているムーブメントは道具や音楽を一切使用せず、他者と単純な動きを繰り返し行いできたことをほめることで、関

係づくりの基礎を育てることをねらいとしているという（図２）。
　この実践では、人に触れられたり抱擁されたりすることが苦手な自閉症児、落ち着きがなく他の子どもとともに行動することができない知的障害児、他者とともに行動するよりも自分の好きなように動きたい自閉症児の様子が報告されており、児童と教員のペアを一定期間変えず身体を通した信頼関係を築こうとすることで、自分からともに行動する子どもの姿等が見られたとされている。
　この実践報告で指摘されているのは、児童がいかにうまく動くかを評価するのではなく、児童が他者をどのように意識し、かかわろうとしているのかを教員が見取ることの重要性である。

> たとえ、子どもがムーブメントの動きに取り組んでいなくても、離れた場所からさりげなく働きかけを続けることが大切である。そして、子どもが、他の子どもたちの動きを観察しているようであれば、それは「参加をしている」と捉えるように、教師が参加や関係性について子どもを見る視点を持っていなければならない。（安藤ほか2009, pp.154-155）

　そして、「人との関係性を育てる基盤は、身体間のコミュニケーションや非言語でのやりとりにあると言えるのではないだろうか」（安藤ほか2009, p.156）と論じている。
　茨城大学教育学部附属特別支援学校の実践報告では最後に、自立活動を行う際には「スキルの獲得」だけでなく「意識づくり」が重要であるということが、まとめの１つとして示されている。

> 障害児への指導において「スキル絶対主義」に陥ると、獲得したスキルを日常生活で応用して活用するために、さらに必要なスキルは何かと考え、それをスモールステップを組んで子どもに活用できるように指導しようとしてしまう。しかし、日常生活には無数の場面が存在するので、あらゆる生活場面で必要なスキルを列挙していくと、子どもたちに教えなけ

> ればならないスキルは際限なく生み出され、無限のリストを1つずつぬりつぶしていくかのような実践を展開していかなければならなくなる。
> 　こうした「スキル絶対主義」による自立活動から抜け出すためには、自立活動の実践に「意識づくり」を加えることが重要なのではないだろうか。「意識づくり」とは、コミュニケーション力で言えば「相手に自分の気持ちを伝えたい」と思う気持ちであり、肢体不自由を伴う知的障害児の動きづくりで言えば「動きたい、一緒にやりたい」という気持ちであり、ダウン症児の発音・発語指導であれば「友達や先生とお話ししたい」という気持ちである。（新井2009b, p.159)

　以上のまとめも含め、茨城大学教育学部附属特別支援学校での実践報告からは、次の3点が知見として得られる。
1　コミュニケーション力の育成や人間関係の形成を学習者に促す際は、学習者がいかに上手くふるまうかを評価するだけでなく、学習者一人ひとりなりの他者とのかかわり方を教員が見取り評価に活かすことが大切である。
2　コミュニケーション力の育成や人間関係の形成は、身体間や非言語でのやり取りが基盤となる。
3　コミュニケーション力の育成や人間関係の形成を授業でねらう場合、単にパターン化されたスキルを教えるのみに留まるのではなく、他者とかかわりたいという「意識づくり」が重要になる。

　これらの知見は、特別な教育的支援を必要とする児童生徒だけでなく、定型発達者・健常者と言われる者も含め、すべての学習者にとって大切な観点となる。それは永田麻詠（2011）でも確認した通り、通常学級の学習者に見られる実態として、コミュニケーションにおける権力関係に敏感で自分への自信を失いがちであるからである。こうした学習者の実態を鑑みると、特別支援学校における自立活動の知見は、コミュニケーションや人間関係に苦手意識を持つすべての児童生徒にとって、支援の基礎となる。

(2) 中学校特別支援学級における国語科実践からの示唆

　ここまで、自立活動「人間関係の形成」「コミュニケーション」とその実践報告について考察してきた。本章では中学校国語科におけるコミュニケーションの授業を具体化することを目指して、ある中学校の特別支援学級における国語科の実践を取り上げ示唆を得たい。

　小林徹（2013）は、自身が勤める公立中学校知的障害学級の１年生であり、双子の姉妹由美・久美（仮名）と秀雄（仮名）という３名の学習者を取り上げて、「人を好きになるということ」という国語科実践を紹介している。由美と久美は能力的には近く（ＩＱ50台後半）、身の回りのことはできるが感情のコントロールが難しく行動が粗暴、他者とのトラブルが絶えないという実態が述べられている。また秀雄については、知的能力はＩＱ70台後半で対人コミュニケーションに課題があり、他者との意思疎通の難しさから暴力的であったと言及されている。

> 　由美と久美は自分たちの好きな人が来ると異常なまでの興奮を見せた。２人は体育の女性の講師（A先生）が気に入っていて、その授業を心待ちにしていたが、いざ先生が目の前に現れると、飛びついて腕をねじ上げ、足でけった。（中略―引用者）
> 　また、秀雄は、この由美と久美の行動に苛立ちを募らせていった。由美と久美がA先生に暴力を加えると、すぐさま由美と久美に殴りかかった。秀雄は２人の気持ちを理解することはできず、ただ単に彼らの暴力に対する制裁を加えている様子だった。（小林2013, p.139）

　こうした学習者の実態から小林は、「人を好きになることのすばらしさに気づき、その気持ちを表現し、その感情を相手と共有する楽しさを知ることを目指す実践を作り出す」（小林2013, p.139）ことにし、国語科において文学教材を用いながら取り組んでいる。その詳細は次の通りである（小林の報告をもとに、筆者が整理した）。

第Ⅳ部　通常学級におけることばの授業づくり

【授業のねらい】
・テーマに共通性のある文学作品に触れ、その内容を理解する。
・作品を読んだ感想や自分の意見を発表し、また、友達の感想、意見を聞いて、自分の考えをまとめる。
・自分の生活や行動を振り返り、とらえ直しをする。
・自分の言葉で、自分の気持ちを文章に表す。

【使用教材】
・『しろいうさぎとくろいうさぎ』『あらしのよるに』『あるはれたひに』『まねっこルビー』

【授業計画】（全13時間）
・第1次「人をすきになるってどういうこと？」……(1)『しろいうさぎとくろいうさぎ』の読み取り(2)くろいうさぎの気持ちを考える(3)自分の好きな人とその理由を考える
・第2次「すきな人と何をしたい？」……(1)『あらしのよるに』と『あるはれたひに』の読み聞かせ(2)人と食べ物の好きの違いを考える(3)好きな人と何をしたいか考える
・第3次「すきなひとにきらわれたくない」……(1)『まねっこルビー』の読み聞かせ(2)ルビーがなぜまねをするか考える
・第4次「まとめ「人を好きになるということ」」……(1)「人をすきになるということ」について作文を書く

　小林の実践報告では、それぞれの学習活動で由美と久美が登場人物の心情をとらえつつ積極的に発言する姿や、秀雄を含めた3人が、教材内容を自分の生活に引きつけて考え対話という形で交流している様子が示されている。そして本実践後、由美と久美のA先生への問題行動は急速に改善し、秀雄の2人への暴力も解消を見せたという。

　小林は本実践の成果として由美と久美が好きな人を前に、どう行動すればよいのかわからなかったが、物語の登場人物と自分を重ね合わせることで共

感しながら理解できたこと、教材内容についての議論と実生活における議論が並行して展開されたため客観性が保て、自分たちの行動をことばで調整する学習ができたという2点を挙げている。これらの成果から得る示唆は大きい。小林は、物語教材の読解が難しい秀雄への配慮も意識して実生活への議論を並行して行ったとしており、これは読解に苦手意識を持つ通常学級の生徒たちへの国語科授業でも、積極的に導入すべき点である。また文学教材という虚構の読解と議論を併せて行うことは、「日常の人間関係や生きづらさが直接的には取り上げられないため、児童生徒の生身の自己が晒される危険は回避され」、「その一方で文学という「虚構」は、授業方法にも大きく左右されるが、児童生徒の生身の自己を間接的に引っ張り出す装置ともなる」(永田2013, p.31) と言えよう。以上の点をふまえて、通常学級国語科におけるコミュニケーションの授業を考えていきたい。

3．通常学級におけるコミュニケーションの授業
―国語科での取り組みの提案―

(1) 通常学級国語科における先行研究

　これまで考察してきた特別支援学校／学級からの知見に加え、本章では通常学級国語科における先行研究についても確認した上で、通常学級におけるコミュニケーションの授業を提案したい。通常学級における障害当事者等とのかかわりを見通した、すべての学習者に対するコミュニケーション指導を国語科で行おうとする先行研究に、原田大介 (2013) がある。原田は特別な教育的支援を必要とする学習者を含む、すべての学習者を対象とするインクルーシブなコミュニケーション教育について、学習目標・学習内容・学習方法の3点から具体化を試みている。

> |学習目標|
> ① 自己のコミュニケーション観を考えることができること。
> ② 他者のコミュニケーション観を考えることができること。
> ③ 他者とのコミュニケーションに参加し続けることができること。
>
> |学習内容|
> (a) 言語(バーバル)と非言語(ノンバーバル)の知識や技能を学ぶこと。
> (b) 伝わることの喜び、かかわることから生まれる安心・安堵の気持ちを学ぶこと。
> (c) 伝わらなさ、かかわる難しさ、痛みや暴力の背景にある権力関係を学ぶこと。
>
> |学習方法|
> (I) 言語(バーバル)に加え動作化や視覚化など非言語(ノンバーバル)を用いること。
>
> (原田2013, p.50)

　原田が提案するインクルーシブなコミュニケーション教育は、先に考察した茨城大学教育学部附属特別支援学校での取り組みと通底している点がある。たとえば原田が示す(a)や(I)は、前述した知見2と非言語という点で共通している。また、知見3として挙げた他者とかかわりたいという「意識づくり」は、①～③や(2)(3)を学習目標・学習内容として授業化していく中で学習者に促すことができよう。これらの整理をもとに、通常学級国語科におけるコミュニケーションの授業を具体的に提案する。

(2) 通常学級国語科におけるコミュニケーションの授業
　―その概要と具体的方法―
(ア) 既存の教科書教材を用いる授業の提案
　まずは、教科書教材を用いたコミュニケーションの授業を提案したい。使用する教材は、学校図書『中学校国語1』の「話すこと・聞くこと」に関する教材「私のお気に入りを友達に伝えよう　スピーチ」である。本教材には「「好

きなもの」や「お気に入りのもの」などを語り、聞くことを通して、お互いの新しいつながりや友達の新たな一面を発見できるかもしれません」という文章が見られ、中学入学後、さらに人間関係を深め構築させることをねらいとして設定されている。また、「何かを示したり、ちょっとしたパフォーマンス（演技）を入れたりして話すと、わかりやすく印象的なスピーチになります」ともあり、非言語による発表も選択肢として可能性を持つ教材である。

　学習の展開としては、話題探しメモ作り→その中からひとつ話題を選び、内容構想メモ作り→スピーチメモの準備→リハーサルと発表→他の学習者からの発表者へのコメント→他の学習者からのコメントを整理・コメントマップ作りとなっている。発表者へのコメントを書く際には、「感心したところ、おもしろかったところ」「話し方のうまさ」「示し方の工夫」「話の組み立てのよさ」という観点などからよかった点を１つ行おうとされている。これらをふまえて、通常学級国語科における障害当事者等とのかかわりを見通した、すべての学習者に対するコミュニケーション授業について具体化を図る。

【単元名】
「自分と友人について、理解を深めよう」（中学校１年）
【単元の目標】
・日常生活から話題を決め、他者に伝えたい自分を整理し相手に伝わるよう、自分なりに表現することができる。
・話の要点に気をつけながら他者の発表を聞き、発表者について自分なりの理解や考えをまとめることができる。
・スピーチやコメントを通して自己や他者理解につなげ、他者とかかわりたいという意識を深めることができる。
【単元の概要】（全９時間）
・第１次……話題探しメモ・内容構想メモ・スピーチメモ作り（３時間）
・第２次……スピーチのリハーサル・コメントを行う際の観点および手順の確認（１時間）
・第３次……スピーチとコメント（３時間）
・第４次……コメントマップ・友人発見カード作り・自己発見と学習全体に

関する感想の記入（2時間）

【評価の観点】
・非言語の情報を有効に活用し、他者に伝えたい自分について相手意識を持って自分なりに表現できたか。
・話の要点に気をつけて発表者のスピーチを聞き、発表者に対する理解や考えをまとめることができたか。
・全学習活動を通して自己理解や他者理解を図り、他者とかかわりたいという意識を深めることができたか。

　本単元で留意したいのは、スピーチを上手く行えたか／スピーチを聞いて上手くコメントできたかの評価よりも、他者に伝えたい自分はどんなところか自己理解できること、発表者なりの非言語情報を含めた他者への表現を見取ろうとできること、それらを他者理解につなげ、他者とかかわりたいという意識を深められることを評価として重視したい。そのため第4次で友人発見カードや自己発見と学習活動への感想を書かせる活動を加えた。また、学習者一人ひとりの授業内外での様子を観察し、主観的になりがちな後者の評価への手立てに活かすことを期待する。

　さらにコメントを行う際の観点として、教科書で示している前述した4点に加え「発表者の理解が深まったところ」「発表者らしいと感じられたよさ」なども設定し、学習者がスピーチへの評価を広くとらえることができるようにする。スピーチへの評価を学習者が広げるという点では、非言語による表現を豊かに認め合う姿勢も育てたい。

　(イ)　絵本を教材として用いる授業の提案

　次に教材開発を見通して、教科書教材にこだわらず絵本を用いたコミュニケーションの授業を提案したい。使用する絵本は、清水真裕＝文・青山友美＝絵（2011）『たかこ』（童心社）である。

　この絵本は、ぼくのクラスに平安時代の女性たかこが転校生としてやってくるところから始まる。たかこは扇で顔を隠しており、十二単で通学する。授業中は墨を使い、音楽の時間はリコーダーではなく琵琶を演奏した。言葉

遣いは「こころやすくならむ」「いとはずかし」などを用い、ぼくは「たかこは、ふつうのことすこしちがっていた」と感じる。たかこは勉強がよくできたが、ある日他の子にテストで負けたとき、たかこは一日中不機嫌だった。その様子からクラスで「たかこちゃんていっつもえばってる」と言われ、「たかこさんて、なにいってるのかわからないよね」とたかこの口真似が流行るようになった。また、たかこの着物を踏む遊びも流行った。そしてしまいには扇を隠されてしまう。こうした中で学級遠足の日となったが、遠足の途中で天気が大荒れとなり、避難に困ったクラスの様子を見てたかこは「わがうはぎをつかひたまへ」と、クラスメイトを着物の下に避難させる。この一件からたかこは、再びクラスに馴染んでいくという物語である。この絵本を教材として、コミュニケーションの授業を提案する。

【単元名】
　「他者の理解しにくい面も含め、他者とどうかかわるかを考えよう」（中学校2年）

【単元の目標】
・絵本から読み取れるコミュニケーションへの考え方について、自分の日常生活と関連づけて考えることができる。
・絵本を朗読するなどして、古典特有の言葉遣いやリズムを楽しむことができる。
・他者とかかわる難しさや、かかわることのできる喜びを自分の日常生活と関連づけて考えることができる。

【単元の概要】（全4時間）
・第1次……絵本の読み聞かせと初発の感想記入および交流（1時間）
・第2次……「ぼく」「たかこ」その他の登場人物、地の文を分担し、グルー

　　　　　　プごとに絵本を朗読と発表（１時間）
・第３次……登場人物それぞれの他者に対する心情を考える・作者はなぜこの絵本を作ったのか、作者が絵本に込めた思いを考える（１時間）
・第４次……自分は「ぼく」「たかこ」その他の登場人物の誰に近いかを考える・「たかこ」のような存在とどのようにかかわることができるかを考える（１時間）

【評価の観点】
・コミュニケーションへの考え方について、絵本の読解と自分の日常生活とを関連づけて考えることができたか。
・古典特有の言葉遣いやリズムを楽しみながら、絵本を朗読することができたか。
・他者とかかわる難しさや、かかわることのできる喜びを自分の日常生活と関連づけて考えることができたか。

　第３次で行う登場人物の他者への心情を考えさせる際には、他者とかかわる難しさや、かかわることのできる喜びを考える観点として発問等の形で示したい。また作者について考える活動は、ＰＩＳＡ型読解力の「テキストの熟考・評価」を意識して取り組ませることを期待する。さらに第４次の学習活動は、学習者一人ひとりの日常生活と十分に結びつけられるような声かけ・手立てを仕組みたい。

　本単元は絵本が教材であるため、特別な教育的支援を必要とする学習者も参加しやすいことが期待できる。また、教材と学習者の日常生活を切り結ぶ学習活動を積極的に取り入れることにより、物語教材の読解が障害特性上難しい生徒を含む、すべての学習者の授業への参加をねらっている。そして、絵本の世界という虚構についてクラスで考え議論することで、生徒の日常生活におけるコミュニケーション観が学びの対象として無意識に露呈することが期待できる。本単元は以上のことを重視して考案した。

4. おわりに

　本章では特別支援学校／学級での取り組みに学びながら、通常学級国語科におけるコミュニケーションの授業を2つ提案した。特に「他者の理解しにくい面も含め、他者とどうかかわるかを考えよう」の単元については、たかこというマイノリティとしての存在や、彼女とのコミュニケーションについて考えさせることを通して、障害当事者を含む他者との望ましいコミュニケーションを模索するという、健常者・定型発達者への指導を意識して提案している。今後こうした取り組みは、いっそう具体化が図られなければならないであろう。

　また特別支援教育からは、コミュニケーション力を高める支援を考える際まずは国語科が想定されるが、「「国語」という「教科」の学習として考えた場合、「教科」は教科としての独自性や文化性があるので、私たちの考える「ベース」としての「関係性」形成の支援を有効に行うことが難しい」（遠藤・成田2011, p.76）という声もある。しかし、教科教育としての国語科が行わなければならないのは、教科としての独自性や文化性に加えて、生徒たちの「ベース」としての「関係性」形成の支援であることも間違いない。国語科での学びをコミュニケーションや関係性支援により広げていくことも、今後の国語科の課題と言えよう。

引用参考文献
新井英靖（2009a）「新学習指導要領における自立活動」新井英靖・茨城大学教育学部附属特別支援学校編『新学習指導要領の実践展開①障害特性に応じた指導と自立活動』黎明書房
新井英靖（2009b）「知的障害児への自立活動の意義と課題」新井英靖・茨城大学教育学部附属特別支援学校編『新学習指導要領の実践展開①障害特性に応じた指導と自立活動』黎明書房
安藤史恵・田澤裕之・福島真理子・堀籠由記子（2009）「ムーブメントを通した「人間関係の形成」」新井英靖・茨城大学教育学部附属特別支援学校編『新学習指導要領の実践展開①障害特性に応じた指導と自立活動』黎明書房
遠藤貴則・成田祐司（2011）「自立活動を通してコミュニケーション力を高める」

新井英靖・高橋浩平・小川英彦・広瀬信雄・湯浅恭正・吉田茂孝編（2011）『自閉症児のコミュニケーション形成と授業づくり・学級づくり』黎明書房

小林徹（2013）「国語の授業「人を好きになるということ」」渡邉健治監修・障害児教育実践研究会編『「考える力」を育てる教育実践の探究』ジアース教育新社

永田麻詠（2011）「国語科におけるコミュニケーション教育の成果と課題―「自分への自信」を取り戻すコミュニケーション教育に向けて」『国語教育思想研究』第3号、国語教育思想研究会

永田麻詠（2013）「クィアの観点から考える国語教育の課題と可能性」『論叢クィア』第6号、クィア学会

原田大介（2013）「国語科教育におけるインクルージョンの観点の導入―コミュニケーション教育の具体化を通して」『国語科教育』第74集、全国大学国語教育学会

三村和子（2009）「自閉症児のコミュニケーション力を育てる」新井英靖・茨城大学教育学部附属特別支援学校編『新学習指導要領の実践展開①障害特性に応じた指導と自立活動』黎明書房

文部科学省（2008）『中学校学習指導要領解説総則編』ぎょうせい

文部科学省（2009）『特別支援学校学習指導要領解説自立活動編（幼稚部・小学部・中学部・高等部)』海文堂出版

（永田　麻詠）

コラム 7

院内学級のことばの授業

　入院中の子どもは、治療の経過の中で、学習に空白期間が生じる場合がある。特に、系統的な学習の積み重ねが必要な教科について問題が生じやすく、ことばの理解や表現が妨げられていると他教科にも深刻な影響を及ぼす。学習空白は学力不振に結びつきやすく、学習活動や生活全体における意欲を低下させたり、病気や病気を持つ自己の否定的なイメージの形成につながる。病気の子どもへの教育の意義として、学習の補完だけでなく、積極性・自主性・社会性の育成、心理的な安定、病気への自己管理能力の向上などが期待されているが、国語教育が担う役割は大きい。

　病気の子どもに対しては、特別支援教育の一環である病弱教育という公的な教育サービスが用意されている。病気の子どものための「特別支援学級」は、「学級が小・中学校の校内に設置されている場合」と「学級が病院内に設置されている場合」とに大別され、後者がいわゆる「院内学級」と呼ばれている。入院治療を必要とする子どもの実態は、病名（小児がん、ぜん息、こころの病、大きな怪我など）や入院期間（数週間～1年以上）など個々によって大きな違いがあり、教育的支援も個々の背景に応じて行われている。基本的には、院内学級でも入院する前に学んでいた内容を継続して学べる子どもが多いが、身体に過重な負担がかからないように授業時数が制限されやすい。また、入院期間も短縮化傾向にあり、教師が関われる時間が少ないため、体調や心理面、学習状況について迅速な実態把握を行ったうえで、指導内容を精選し、指導方法や教材の工夫をすることが必要となってくる。

　副島（2013）の院内学級での国語科における詩を題材とした実践を紹介する。中川ひろたか氏の「へいわ」という詩を参考に、子どもたちに「○○だったらいい」という詩を書いてもらい、子どもたちが周囲に自分の気持ちを表現するという学習である。一例として、「すきなものがたべれる」「すきなあそびができる」「おかあさんとずっといられる」「ともだちがいっぱいできる」「いっつもあさだ」という内容を書いた詩が紹介され、一般的に子どもたちは題名に「しあわせ」や「ふつう」とつけることが多いということである。

　表現活動によって気持ちが解放されたり、病気になる前は気付きにくかった気持ちが意識されることによって、自分の内面に目を向ける契機となり、また周囲が子どもの心情を理解するうえでも役立つ。病気にかかること、入院することの体験は、身体面のみならず、心理社会面においても多くの喪失を伴うために、ネ

ガティブな感情を抱くことは自然である。表現活動によって、ネガティブな気持ちを持っていてもいいこと、その気持ちを表出してもいいこと、気持ちを受け止めてくれる仲間や大人がいることを実感することは、自分や仲間を信頼したり、肯定する気持ちに結びつくと考えられる。病気を得たことによる肯定的な側面への気づきは、ことばの持つ力によって支えられるところが大きい。入院中に使ったことば、出会ったことばが、入院中のみならず、その後の人生（病気を抱えながらの人生であるかもしれないが）における困難を乗り越える力となる可能性がある。

　子どもたちの多くが、入院治療終了後は地域の通常学級に復帰する。成長するにつれて医療的管理の主体は親から子どもに移り、生活範囲や人間関係も拡大する。病気についての誤解や偏見を避けたり、必要なサポートについて理解を得るために、病気やその状態を他者に説明できる力が必要になる。

　基礎的な国語力は、知識、思考力、想像力、共感力などの向上に寄与し、読書に親しむ習慣にもつながる。多方面のジャンルに触れながら、同じ境遇にある主人公に自らを重ねて生き方のヒントを得たり、病気によって制約を受けやすい世界を疑似体験したり、空想したりすることは、経験不足を補ったり、厳しい治療から一時的にでも逃避できる効果が期待される。

引用参考文献

副島賢和（2013）「院内学級「さいかち学級」での取り組み」『教育と医学』、723号　78-85.

（平賀　健太郎）

コラム 8

生活単元学習とことばの授業づくり

　生活単元学習は、特別支援教育の中心的な指導として実践されてきた。日頃は生活を意識することに困難さのある子どもたちに対して、行事単元などの生活の単位・単位（Unit）を設定して生活への見通しを育て、生活の楽しさや喜びを味わうようにと意図されたのが始まりである。年間を通して多くの単元が計画され、実践されている。その内容は、①遊びに関するもの、②宿泊や校外学習、職場体験など現実の社会に関するもの、③ものづくりや作業に関するものの3つに大別される。

　「ことばの教育」は学校のあらゆる領域で展開される。生活単元学習でも、たとえば「○○祭り」のための招待状の作成に必要な読み書きの指導がされる。しかし、教科における読み書きの指導とは違って、生活単元学習では祭りに招待しようとする人（地域の人やお世話になった先生など）を意識した招待状をつくる意欲の形成がポイントの1つである。読み書きに困難さがあれば、機器などを使用して「招待したい」という気持ちを表現する力の育ちに授業の目標が置かれる。季節の行事単元では、たとえば七夕に願いを書く場面があるが、それは書き方というよりも、願いを込めて表現する意欲の形成に力点がある。

　遊びに関する単元では、遊ぶ楽しさに随伴して子どもたちは「ことば」を表現する。たとえば、ごっこ遊びの場面では、その世界を遊びきり、遊び込む活動が展開している。そこでは、系統化されたことばの指導というよりは、子どもたちが遊びの世界に浸る体験から生成することばが発せられる。こうした感情を伴うことばの生成に誘う生活単元学習を構想したい。遊具を用いて遊びの「チャレンジコーナー」を設け、そこで全身を使う活動は、かけ声や達成した時の気持ちの表現が自然に生まれるチャンスである。

　障害児のことばの指導は、日常の生活に必要な挨拶や礼儀といったスキルの次元から計画しがちだ。しかし、ことばの世界の豊かさ・楽しさを教えていく工夫が必要である。障害児の指導でよく用いられているのが、「ことば遊び」である。身体とことばを結びつけて、ことばの世界の豊かさを味わう指導である。障害のある子どもたちにとって次々と言語を獲得させ、発達の高次化を急ぐのではなく、じっくり、ゆっくりとことばの世界を楽しむ発達の視点を大切にしたい。こうした発達の視点に立って、遊び文化を取り入れた単元を構想したい。そこでは、ともにことばあそびを楽しむ仲間の存在が必要になる。「ことば」の獲得には集団性が不可欠であり、生活単元学習を学ぶ場＝集団の形成を忘れてはならない。

宿泊学習や校外学習といった単元の授業でも、つい朝夕の挨拶の仕方や交通機関の利用の仕方やマナーに伴う「ことば」の使い方に目が向きやすい。きちんとした社会性を身につけることだけではなく、困ったときには周囲にヘルプを出すことばの力を育てることに留意したい。学校外の活動の計画をする段取りや、活動を終えた後の話し合いで育つ力に注目することによって、子どもたちは、「生きたことば」を習得できる。

　中学生以降になると、「働くこと」「性」といった自分づくりに関するテーマの学習が、生活単元学習の課題になる。障害を持ちつつどう人生を歩むのか、先輩の話を聞く機会を設けた単元の授業で、希望や不安を自由に交流する活動を通して、素直な気持ちを表現することばの力は育つ。また、ものづくりや作業といった体験的活動の授業を通して、自分の作品をつくるだけでなく、互いに声を掛け合い、励まし合う共同の活動場面を大切にしたい。

　生活単元学習は、通常学級の子どもとの交流を通して展開されることが多い。ともに活動する過程において、障害児の思いや願いがこもったことばがどう聞き取られていくのか、また障害児が学校全体の子どもたちに向かって取り組みたい活動への思いを表明することばを持ち、対等・平等の世界を探る授業が求められている。教師にとっても、子どもたちとともに生活の楽しさをつくる過程に立ち会い、指導者でありつつ、活動をつくる一員として授業づくりに取り組む姿勢を持ちたい。

（湯浅　恭正）

コラム 9

発達障害とは何か

　発達障害のある子どもたちは、一見普通の子どもたちと同じか時には優れている点がある子どもたちがおり、このことが「見えない障害」といわれるゆえんである。2012年の文部科学省の調査では、知的障害のない発達障害、あるいは同じような特徴のある児童生徒の割合は6.5％在籍していると推定している。さらに、2014年2月、国連障害者の権利条約を批准したので、中央教育審議会（2010）で述べられているように、インクルーシブ教育を志向し障害のある子どもたちに対して、支援（合理的配慮）を行わない場合も障害者に対する差別とみなされる。さらに、特別支援教育分野だけではなく、教科教育における研究も必要となる。また、社会的格差の拡大が学習上、行動上の課題の原因と思われるケースも多くなり、障害の有無だけではなく、社会経済的な課題が原因で困っている子どもたちへの支援をどうするかという問題も深刻になっている。

　2014年現在、文部科学省の定義によると、発達障害とは、自閉症（Autistic Disorder）、知的な遅れが伴わない場合は高機能自閉症、言語発達に遅れがないアスペルガー障害、学習障害、注意欠如多動性障害をさす。それぞれの障害について「ことば」に関係する教室内での特徴を挙げると以下のようになる。ここでは、教室での様子についてのみ述べ、文部科学省の定義については割愛する。

1. 自閉症（Autistic Disorder）・高機能自閉症（High-Functioning Autism）とは（DSM-5の定義では自閉症スペクトラム症）

　話す内容はしっかりしているのに、意外に話の内容や周囲で起こっていることが理解できていないことがある。ゲームをしても「面白さ」を友だちと共有できないことが多く、自分だけでゲームをしているかのように楽しんでしまうことがある。「ルールが守れない」とよく言われる。することをいつもとがめられ、不満が蓄積している。フラッシュバックという現象があり、音やことばに対して、過去の嫌な思い出を強い臨場感をもって思い出しパニックになる子どもがいる。

2. 学習障害（LD）〈Learning Disabilities〉とは（DSM-5でも学習障害）

　学習障害のある子どもの中には、読むことに大変苦労している子がいる。自分では上手に読もうと精一杯頑張っているのに、読んでいる途中でどこの行を読んでいるか分からなくなってしまう。教科書や黒板のお手本の文字を書き写すのに大変苦労をしている子もいる。一生懸命手本を見ながら書くのだけれど、どう

しても正しく書けない。高学年になっても漢字の書字では篇(へん)や旁(つくり)が逆鏡文字を書くことがある。「何度練習しても上手にできない」「もっと練習しなさい。一生懸命やりなさい」と繰り返し言われているうちに、意欲をなくしてしまい、ますます「なまけている、不真面目」と見られてしまう。

3．注意欠陥多動性障害（ADHD）〈Attention-Deficit Hyperactivity Disorder〉とは（DSM-5では注意欠如・多動症）

とにかく気が散りやすく、興味のあるものが見えるとすぐそちらに行ってしまう。面白そうなことが「気になる」というより、気にしないではいられないといったほうがよい。「喋りたい」と思ったとたん、喋ってしまう。喋った後で、「今しゃべったらいけない時だった」と気づくが、周りの人から注意や叱責をうけ、自信をなくしてしまう。「やりたい」と思った時も、やらなければ気が落ち着かない。それを無理に止められるとカッとなり思ってもいないような激しい行動に出てしまう。

これらの子どもたち、叱られることが多い子どもたちには、ほめられることは力になり、長く心に残る。自尊心を高め、スモールステップで、書く、読む、考える、動く(操作活動、動作化)ことを組み合わせた指導方法、ことばのみではなく、掲示物やプリントなどの視覚支援を行いながら、根気良く教えることが大事である。

引用参考文献

中央教育審議会（2010）「共生社会の形成に向けたインクルーシブ教育システム構築のための特別支援教育の推進」

文部科学省（2012）「通常の学級に在籍する発達障害の可能性のある特別な教育的支援を必要とする児童生徒に関する調査結果について」

Allen Frances (2013)「Essentials of Psychiatric Diagnosis Responding to the Challenge of DSM-5, 大野裕、中川敦夫、柳沢圭子訳（2014）「精神疾患診断のエッセンス　DSM-5の上手な使い方（金剛出版）」

（落合　俊郎）

> コラム　10

ことばの授業と保護者・教員との連携

　学校や日常において、「伝え合う」ことに悩む子どもたちは多い。ことばがたりなかったり、周りの状況が把握できなかったりで、コミュニケーションが取れず、友だちとのトラブルが多い子も少なくない。コミュニケーションが取れない、人とつながることに困難を抱えている子どもたちは、人と「つながりたい」と思っている。他者とのつながりを大切にし豊かな人間性をはぐくむためには、「伝え合う力」の育成は大事なことである。

1．個が生きる学級づくり

　本校では、特別支援コーディネーターを中心に、四月・五月で子どもの実態を把握し、支援を要する子どもの手立て「個別カルテ」を作成して年間の計画を立てていく。また、学校内での支援を要するのか、専門機関との連携を図った方がよいのか、定期的な支援部会を通して、学校全体での子ども理解がされていくのである。また、休み時間を活用し、ビジョントレーニング（パズルなど）やソーシャルスキル絵カードを活用してコミュニケーションの練習も行い、協働して子どもの理解と分析をしていく。そうした支援を要する子を中核にしながら、子どもの基盤となる学級において、次の点に留意する。
〇グラウンドルール【・何でも自由に発言する・友だちの考えを認める・話は最後まで黙って聞く・間違いを恐れない】の確立。
〇読み聞かせの継続とシェアリングタイムの設定。
〇関係を築くことばを意識する。（どうぞ、だいじょうぶ。一緒に遊ぼう。ありがとう…）

　これらの支援は、分かりやすい手立てとして子どもたちに定着していく。グランドルールは子ども同士あるいは教師と子どもとの間に開かれた対話を生み出し、話し合いを支える。もちろんトラブルはあるが、トラブルは関わりが深くなる経験、体験の場だと考え、同じような経験を繰り返しながら、話し方や接し方を学んでいけるとよいと考える。

コミュニケーションの練習

2．対話を楽しむ授業づくり

　単元名「ドラいいもん発表会をしよう」二年「あったらいいなこんなもの」光村図書

　子どもたちにとって大好きなドラえもんの世界。身近な家の人に焦点をあて（相手意識）願いや喜び、家族への思い、困っていることなどを、子どもたちが書いた手紙の返事としてもらう。返事をもとに、家族にどうしてあげたい（目的意識）を持たせることで、どんなものを作ってどのように伝えたいか、具体的に想像できる学習を構想した。手紙のやりとりは、家族との対話や触れ合いを増した。コミュニケーションが苦手なA児は、「お母さんダイエットがんばってるって。」「昨日一緒にちゃわんをあらった。」と楽しそうに話す。家族のために手伝いをする機会にもなったようである。また、作ったわけや工夫を友だちに紹介しあいながらアドバイスをもらう場では、お互いに尋ね合ったり、答えたりしながら対話することで自分が考えた道具が詳しくなったことを感じ取ることが出来たようである。A児が周りの状況を意識し、把握しながらコミュニケーションが取れる生活をできることが、保護者の願いである。そのために、保護者と学校とが連携し、ぶれない指導を行っている。家庭でも対話をたくさんしていただくようお願いしている。また、学級ではA児だけでなく、ほかにも自己を表現できない子が多く、他者と繋がれない子がいる。ペアやグループなど、形態を変えながら対話を促すようにしている。子どもが必然性を感じる対話の場を仕組み、対話を通して、考えや思いを共有して共に学ぶ楽しさを培ってほしいと考える。

保護者からの手紙　Aくんへ
　お手紙ありがとうございました。Aくんが小学校で頑張っていることがとてもよくわかりました。＝中略＝お母さんのはげましもありがとう。Aくんのことばで、ダイエットを続ける勇気がわきました。家のお掃除も頑張るね。＝以下省略

（山下　恵子）

おわりに
― 取り上げられた教材と本書の使い方 ―

　本書には、特別支援学級・学校および通常学級において、子どもたちのことばの力を伸ばすための授業づくりの実践と理論とが集められています。インクルーシブ教育の流れの中で、また、社会そのものの変化の中で、特別支援教育と教科教育はいっそう緊密な連携が必要となってきています。実践者が苦労して積み上げてきた成果をまとめ理論的に検討し再び教育現場に返す一端を本書が担うことを望んでいます。

　さて、本書には、以下の様な教材・言語活動が取り上げられています（一部省略しています）。

第Ⅱ部第1章
　「かいだん」（詩）「きょうはみんなでクマがりだ」「ごきげんのわるいコックさん」「サラダでげんき」「3びきのこぶた」「ちいさいおおきい」（詩）「ゆうびんやぎさん」
第Ⅱ部第2章
　「ひらがなパズル」「なぞり書き」「写真・絵カード」
第Ⅱ部第3章
　「アフレコ」「マンガ」「物語作り」
第Ⅲ部第1章
　「3びきのこぶた」「3びきのやぎのがらがらどん」「はしの上のおおかみ」「いってきます」「かさ」「はらぺこあおむし」「スイミー」「おおきなかぶ」「ぐりとぐら」「ももたろう」「うんちしたのだれよ」「きかんしゃやえもん」「アレクサンダーとぜんまいねずみ」「これはのみのぴこ」
第Ⅲ部第2章
　「絵カード」「もじかき歌ひらがなカルタ」「しりとりのだいすきな　おうさま」「ぱぱんの　ぱん」「ぽんたのじどうはんばいき」

第Ⅲ部第3章
「しろいうさぎとくろいうさぎ」「あらしのよるに」「あるはれたひに」「まねっこルビー」「イソップ物語」「俳句」「歌詞」
第Ⅳ部第1章
「だれもがかかわり合えるように」「手と心で読む」「だれか、ふつうを教えてくれ！」「心の信号機」「おにごっこ」「きつつきの商売」「おみせやさんごっこをしよう」
第Ⅳ部第2章
「スイミー」
第Ⅳ部第3章
「私のお気に入りを友達に伝えよう（スピーチ）」「たかこ」

　本書を有効に使うためには、校種や学校の種類に関係なくまずは興味を持ったり、必要だと思ったりしたところを読んでほしいと考えます。小学校通常学級の担任の先生でも、特別支援学校の中学部・高等部の実践が参考になるかもしれません。ですから、先に示した教材のリストや、見出しや索引などを参考にして、ポイント読みをしてみてください。
　ポイント読みをすると、同じ著者が行っている実践やその背景となっている理論が気になってきます。そうなったら、その章の全文を読んでみてください。
　さらに気になったら、例えば、同じ部を読んでみるとか、部を超えて同じ校種の文章を読んでみましょう。とにかく、気になるところからどんどんひろげて読んでみてください。
　また、本書には途中でコラムがあります。そこには、特別支援教育に関わる知識や情報が短いながらもまとめて書かれています。自分の学級に、視覚に障害がある子どもがいたとしたら、「視覚障害児へのことばの授業」のコラムを読んでみましょう。参考になることがあるはずです。
　特別支援教育におけることばの授業づくりの全体を眺めたい場合は、第Ⅰ部第1章や第Ⅲ部第1章、第Ⅳ部第1章が参考になります。また、第Ⅰ部第

おわりに

　2章は、教師が陥りやすい教師の話し方の問題について書いてあります。これも日常の教育に参考になるでしょう。
　本書をご活用いただき、すべての子どものためのことばの授業づくりを行ってください。

（難波　博孝）

索　引

【あ】

ICT（Information and Communication Technoligy）　75, 76
相手意識　154, 190, 202
アスペルガー障害　148, 199
遊び文化　197
生きづらさ　187
意思疎通　185
イメージ　21, 25, 28, 35, 57, 64, 65, 66, 67, 68, 91, 101, 102, 107, 108, 111, 115, 127, 132, 134, 142, 143, 146, 153, 169, 195
意欲づけ　47
インクルーシブ（-教育）　iv, 9, 94, 176, 187, 188, 199, 200, 203
インクルージョン　10, 141, 155, 194
インタラクション　134, 135
インリアル・アプローチ　134
院内学級　145, 195, 196
AAC（Augumentative Alternative Communication）　75, 76
ADHD　7
江口季好　ii, iii, 92, 94
絵本　190, 191, 192
LD（学習障害）
　-LD　8, 199
　-学習障害　179, 199
オノマトペ　23, 24, 29, 134, 135

【か】

回想　51
会話文　59
学習空白　195
学習指導要領　4, 5, 6, 7, 9, 10, 28, 39, 40, 41, 54, 76, 79, 80, 112, 114, 142, 177, 178, 179, 193, 194
学習障害　→LD
学習到達度チェックリスト　39
過剰な思いやりコミュニケーション　12, 13, 14, 15, 16
課題改善　159, 160, 161, 175
環境調整　159, 160, 161, 164, 175
関係性　5, 133, 140, 148, 183, 193
感情移入　60
感情表現　52
感性的コミュニケーション　14, 15
吃音　56, 71, 77, 78, 136
吃音親子サマーキャンプ　78
教育話法　11, 16, 17, 18
教科の視点　54
共感　21, 53, 109, 110, 118, 123, 124, 134, 135, 175, 186, 196
行事単元　197
協働　201
虚構（-の場）　141, 143, 160, 187, 187, 192
キレる　4, 5, 10
工藤直子　83
系統的・段階的　54
軽度発達障害　89
言語（バーバル）　7, 141, 144, 188
言語・数量　137
健常者　147, 148, 177, 184, 193
権力関係　5, 184, 188
語彙構造　132
合意的配慮　199
高機能自閉症　153, 199
交流　63, 122, 143, 146, 147, 164, 186,

206

191, 198
国語の観点　40
国連障害者の権利条約　199
個人差　114
ごっこ遊び　43, 141, 142, 143, 144, 148, 149, 150, 151, 155, 197
ことばあそび（ことば遊び）　20, 21, 21, 83, 89, 178, 197
ことばのお風呂　132
個別カルテ　201
個別指導　118
個別の指導計画　41
コミュニケーション　4, 5, 7, 9, 11, 12, 13, 14, 15, 16, 17, 18, 21, 22, 25, 29, 37, 39, 40, 41, 42, 43, 53, 69, 75, 82, 92, 93, 101, 105, 108, 110, 116, 117, 132, 133, 134, 135, 140, 141, 143, 144, 148, 151, 153, 154, 175, 177, 178, 179, 180, 181, 183, 184, 185, 187, 188, 189, 190, 191, 192, 193, 194, 201, 202
コミュニケーションエイド　75
コミュニケーション観　141, 144, 145, 149
コミュニケーション教育　10, 140, 141, 151, 152, 155, 187, 188, 192, 194
コミュニケーション力　55, 56, 69, 76, 96, 109, 112, 180, 182, 184, 193, 194
近藤益雄　ⅱ, 93

【さ】

再包摂（リ・インクルーシブ）　9
作文　91, 92, 120, 121, 126, 159, 186
参加　8, 24, 26, 28, 36, 37, 57, 60, 88, 100, 112, 119, 129, 141, 144, 145, 146, 149, 151, 152, 154, 160, 164, 179, 182, 183, 188, 192
支援器具　75, 76
ジェスチャー　134

視覚障害　79
視覚障害当事者　147
視覚的短期記憶　136
自己の理解（自己理解, 自己や他者理解）　179, 189, 190
思春期　113, 114, 118, 131
自信　15, 22, 36, 37, 123, 144, 154, 162, 163, 173, 177, 184, 194, 200
自尊感情　115
肢体不自由教育　39
自他の理解　179
実生活　187
実体験　52
実の場　173, 175
自発発話　52
自閉症（-児）　ⅱ, ⅲ, 20, 23, 24, 25, 26, 34, 38, 59, 85, 87, 88, 90, 91, 92, 93, 180, 181, 182, 183, 194, 199, 199
自閉症スペクトラム障害（-症）　148, 155, 178, 179
社会的格差　199
集団指導　118
重複障害　39, 134, 135
授業づくり　5, 8, 20, 23, 25, 37, 38, 39, 40, 41, 42, 54, 56, 69, 95, 96, 116, 118, 131, 137, 140, 144, 154, 175, 176, 194, 197, 198, 202, 203, 204, 205
手話　133
障害児教育　54, 93, 113, 131, 194
障害者権利条約　144
障害当事者　144, 146, 177, 187, 189, 193
障害特性　34, 39, 40, 64, 118, 179, 180, 192, 193, 194
自立活動　25, 26, 39, 40, 45, 117, 118, 177, 178, 179, 180, 182, 183, 184, 185, 193, 194
人口内耳　133
身体　7, 23, 34, 39, 75, 86, 134, 135, 153,

155, 178, 182, 183, 184, 195, 197
信頼感　179
信頼関係　8, 154, 183
推論　157, 158, 159,
スキル　125, 182, 183, 184, 197
ステレオタイプ　15, 16
ストーリーマップ　159
ストラテジー　159, 160, 161
スペクトラム（連続体）　148
スモールステップ　68
生活単元学習　39, 101, 105, 106, 108, 109, 110, 112, 197, 198
生活年齢　55, 56, 118
説明文の読解　90
前言語期　134
染色体異常　136
創造性　66
想像世界　68
想像力　6, 21, 28, 66, 114, 178, 196
ソーシャルスキルトレーニング　59
育ちにくさ　114, 115

【た】

体験的活動　198
対人関係　75, 178, 179
対話　63, 67, 117, 134, 160, 176, 186, 201, 202
対話の場　202
ダウン
　-症児　136, 137, 184
　-症候群（ダウン症）　136
竹内敏晴　77, 78
他者理解　190
知的障害児　20, 22, 24, 25, 55, 56, 59, 68, 113, 136, 183, 184, 193
知的障害特別支援学級　95, 96, 97, 108
注意欠陥・多動障害性障害（症）　7, 179, 200

注意の保持・持続に関する力　51
中学校特別支援学級　114
抽象思考　157, 158, 159
聴覚的短期記憶　136
伝え合う力　4, 6, 7, 8, 9, 41, 114, 142, 178, 201
定型発達者　177, 184, 193
テキストの熟考・評価　192
同一教材異目的追求　30, 32
同化　68, 160, 160, 167
当事者　86, 143, 144, 145, 147, 148, 151, 153, 154, 155
特殊学級　113
特別支援学校学習指導要領　40
特別支援教育支援員制度　133
特別支援学級　i, iii, 4, 76, 82, 85, 94, 113, 114, 122, 126, 129, 130, 132, 133, 137, 140, 143, 144, 145, 148, 150, 151, 154, 177, 185, 195, 203
特別支援学校　iii, 4, 5, 6, 7, 10, 20, 28, 37, 39, 40, 41, 54, 55, 56, 69, 76, 79, 80, 83, 112, 115, 135, 137, 143, 145, 177, 178, 179, 180, 183, 184, 187, 188, 193, 194, 204
読解　31, 61, 90, 90, 90, 91, 91, 132, 187, 187, 187, 192, 192

【な】

なぞり書き　31, 44, 45, 46, 47, 49, 50, 51, 97, 137, 203
21トリソミー　136
日常生活　6, 39, 41, 45, 68, 77, 95, 102, 105, 112, 141, 142, 143, 160, 175, 183, 189, 191, 192
日本語の発音・発生の基本　78
人間関係　177, 178, 179, 180, 182, 184, 185, 187, 189

索　引

【は】

バーバリズム（唯言語主義）　80
バーンアウト　15, 16
背景　188
発達障害　5, 143, 155, 199
パブリック　8
非言語（ノンバーバル）　7, 8, 9, 40, 141,
　　144, 183, 184, 188, 189, 190
PISA型読解力　192
評価　183, 184, 190, 192
表現（-する力）　iii, 4, 6, 17, 21, 23, 25,
　　26, 28, 29, 32, 33, 34, 35, 41, 43, 44,
　　48, 52, 55, 56, 57, 59, 60, 61, 63, 64,
　　68, 69, 75, 76, 77, 80, 85, 111, 113,
　　114, 116, 117, 118, 119, 121, 126, 127,
　　134, 135, 137, 143, 157, 158, 159, 162,
　　172, 175, 185, 186, 189, 190, 195, 197,
　　198, 202
　-活動　68
病弱教育　195
ひらがな
　-・カタカナの学習　84
　-文字の指導　51
吹き出し　59
不適応　114
プライベート　8, 9
文学　186, 187
　－教材　185, 187
　－体験　160
方向性に関する知覚　51
包摂（インクルーシブ）　9, 141
暴力（-的）　5, 10, 114, 119, 121, 145,
　　147, 185, 186, 188
補助器具　76

【ま】

マイノリティ　193
マッチング　31, 45, 97, 99, 100, 100, 103

漫画　59
ムーブメント　182, 183
目と手の協応動作　51
メロディー　134
目標設定　41
文字学習　46, 84
文字の外形認識　50
物語の学習　86
ものづくり　197

【や】

ユーモア　134
ユマニチュード　16, 17, 18
要約筆記　133
読み理解　157, 158, 159, 160, 161, 167,
　　168, 176

【ら】

理性的コミュニケーション　14
リズム　134
リフレイン　24, 24
リライト文　132
レディネス　54, 132
レトリック　21

【執筆者】（五十音順）

新井　英靖（あらい　ひでやす）	茨城大学教育学部准教授
伊藤　伸二（いとう　しんじ）	日本吃音臨床研究会会長
稲田　八穂（いなだ　やほ）	筑紫女学園大学人間科学部准教授
氏間　和仁（うじま　かずひと）	広島大学大学院教育学研究科准教授
落合　俊郎（おちあい　としろう）	大和大学教育学部教授 （広島大学　名誉教授）
菅野　和恵（かんの　かずえ）	東海大学健康科学部准教授
小林　徹（こばやし　とおる）	郡山女子大学短期大学部准教授
高井　和美（たかい　かずみ）	香川県立香川中部養護学校教諭
高野　美由紀（たかの　みゆき）	兵庫教育大学大学院学校教育研究科教授
高橋　浩平（たかはし　こうへい）	杉並区立桃井第一小学校副校長
永田　麻詠（ながた　まよ）	梅光学院大学子ども学部講師
中野　聡子（なかの　さとこ）	広島大学アクセシビリティセンター 特任講師
難波　博孝（なんば　ひろたか）	広島大学大学院教育学研究科教授
原田　大介（はらだ　だいすけ）	福岡女学院大学人間関係学部講師
平賀　健太郎（ひらが　けんたろう）	大阪教育大学教育学部准教授
藤井　明日香（ふじい　あすか）	高松大学発達科学部講師
古山　勝（ふるやま　まさる）	千葉県立佐原高等学校教諭
三寺　美穂（みてら　みほ）	広島県教育委員会事務局教育部 特別支援課指導主事
山下　恵子（やました　けいこ）	北九州市立田原小学校指導教諭
湯浅　恭正（ゆあさ　たかまさ）	大阪市立大学大学院文学研究科教授

特別支援教育と国語教育をつなぐ
ことばの授業づくりハンドブック

平成26年7月31日　発行

監修者　浜本純逸
編著者　難波博孝・原田大介
発行所　株式会社　溪水社
　　　　広島市中区小町1－4（〒730-0041）
　　　　電話082-246-7909／FAX082-246-7876
　　　　e-mail：info@keisui.co.jp
　　　　URL：www.keisui.co.jp

ISBN978-4-86327-272-9　C3037

文学の授業づくりハンドブック
・授業実践史をふまえて・

浜本純逸（元早稲田大学特任教授・神戸大学名誉教授）監修　好評発売中

章ごとに教科書掲載の文学作品を取り上げ、その授業実践史と今後の課題、授業づくりのヒントを提案する。

《第1巻　小学校低学年編／特別支援編》

難波博孝編　A5／186頁／1800円+税

文学の授業デザインのために　小学校低学年〔浜本純逸〕／「大きなかぶ」の授業実践史〔稲田八穂〕／「くじらぐも」の授業実践史〔酒井晶代〕／「たぬきの糸車」の授業実践史〔目黒強〕／「スイミー」の授業実践史〔今井美都子〕／「お手紙」の授業実践史〔森美智代〕／「かさこじぞう」の授業実践史〔武藤清吾〕／「きつねのおきゃくさま」の授業実践史〔寺田守〕／特別支援教育における文学教育〔難波博孝〕

《第2巻　小学校中学年編／詩編》

松崎正治編　A5／208頁／1800円+税

文学の授業デザインのために〔浜本純逸〕／あまんきみこ「ちいちゃんのかげおくり」の授業実践史〔上谷順三郎〕／齋藤隆介「モチモチの木」の授業実践史〔東和男〕／長崎源之助「つり橋わたれ」の授業実践史〔赤木雅宣〕／木村裕一「あらしのよるに」の授業実践史〔林美千代〕／あまんきみこ「白いぼうし」の授業実践史〔住田勝〕／今西祐行「一つの花」の授業実践史〔山元隆春〕／新美南吉「ごんぎつね」の授業実践史〔鶴田清司〕／谷川俊太郎の詩教材の授業実践史〔幾田伸司〕／工藤直子の詩教材の授業実践史〔村上呂里・田中千花〕／まど・みちおの詩教材の授業実践史〔松崎正治〕

《第3巻　小学校高学年編／単元学習編》

藤原顕編　A5／194頁／1800円+税

文学の授業デザインのために〔浜本純逸〕／椋鳩十「大造じいさんとがん」の授業実践史〔小笠原拓〕／杉みき子「わらぐつの中の神様」の授業実践史〔浮田真弓〕／宮澤賢治「注文の多い料理店」の授業実践史〔守田庸一〕／いぬいとみこ「川とノリオ」の授業実践史〔上田祐二〕／立松和平「海の命」の授業実践史〔河野順子〕／宮沢賢治「やまなし」の授業実践史〔藤井知弘〕／重松清「カレーライス」の授業実践史〔藤森裕治〕／単元学習と文学作品（一）〔藤原顕〕／単元学習と文学作品（二）〔山元悦子〕／単元学習と文学作品（三）〔河野智文〕

《第4巻　中・高等学校編》ご好評につき二刷出来

田中宏幸・坂口京子編　A5／286頁／2200円+税

文学の授業デザインのために〔浜本純逸〕／「少年の日の思い出」（ヘッセ）の授業実践史〔三浦和尚〕／「走れメロス」（太宰治）の授業実践史〔熊谷芳郎〕／「字のないはがき」（向田邦子）の授業実践史〔甲斐利恵子〕／「握手」（井上ひさし）授業実践史〔坂口京子〕／「故郷」（魯迅）の授業実践史〔中西一彦〕／「羅生門」（芥川龍之介）の授業実践史〔丹藤博文〕／「こころ」（夏目漱石）の授業実践史〔高山実佐〕／「山月記」（中島敦）の授業実践史〔渡辺通子〕／「七番目の男」（村上春樹）の授業実践史〔幸田国広〕／「詩」の授業実践史〔田中宏幸〕／「古典」の授業実践史〔渡辺春美〕／文学を学習材とした「単元学習」〔浜本純逸〕